Caro aluno, seja bem-vindo à sua plataforma do conhecimento!

A partir de agora, está à sua disposição uma plataforma que reúne, em um só lugar, recursos educacionais digitais que complementam os livros impressos e foram desenvolvidos especialmente para auxiliar você em seus estudos. Veja como é fácil e rápido acessar os recursos deste projeto.

1 Faça a ativação dos códigos dos seus livros.

Se você NÃO tem cadastro na plataforma:
- acesse o endereço <login.smaprendizagem.com>;
- na parte inferior da tela, clique em "Registre-se" e depois no botão "Alunos";
- escolha o país;
- preencha o formulário com os dados do tutor, do aluno e de acesso.

O seu tutor receberá um *e-mail* para validação da conta. Atenção: sem essa validação, não é possível acessar a plataforma.

Se você JÁ tem cadastro na plataforma:
- em seu computador, acesse a plataforma pelo endereço <login.smaprendizagem.com>;
- em seguida, você visualizará os livros que já estão ativados em seu perfil. Clique no botão "Códigos ou licenças", insira o código abaixo e clique no botão "Validar".

CB043044

Este é o seu código de ativação! →

DRCFZ-CPSBR-AC8RP

2 Acesse os recursos

usando um computador.

No seu navegador de internet, digite o endereço <**login.smaprendizagem.com**> e acesse sua conta. Você visualizará todos os livros que tem cadastrados. Para escolher um livro, basta clicar na sua capa.

usando um dispositivo móvel.

Instale o aplicativo **SM Aprendizagem**, que está disponível gratuitamente na loja de aplicativos do dispositivo. Utilize o mesmo *login* e a mesma senha que você cadastrou na plataforma.

Importante! Não se esqueça de sempre cadastrar seus livros da SM em seu perfil. Assim, você garante a visualização dos seus conteúdos, seja no computador, seja no dispositivo móvel. Em caso de dúvida, entre em contato com nosso canal de atendimento pelo **telefone 0800 72 54876** ou pelo *e-mail* atendimento@grupo-sm.com.

Aprender Juntos Português 4° Ano - Ensino Fundamental: Anos Iniciais - Livro Digital do Aluno. 8ª Edição 2021

BRA205189_19008

APRENDER JUNTOS

4

4º ANO

LÍNGUA
PORTUGUESA

ENSINO
FUNDAMENTAL

CÍCERO DE OLIVEIRA SILVA
ELIZABETH GAVIOLI DE OLIVEIRA SILVA
GRETA MARCHETTI

São Paulo, 8ª edição, 2021

Aprender Juntos **Língua Portuguesa 4**
© SM Educação
Todos os direitos reservados

Direção editorial	Cláudia Carvalho Neves
Gerência editorial	Lia Monguilhott Bezerra
Gerência de *design* e produção	André Monteiro
Edição executiva	Andressa Munique Paiva

Edição: Beatriz Rezende, Daniela Pinheiro, Ieda Rodrigues, Isadora Pileggi Perassollo, Laís Nóbile, Mariana Gazeta, Raquel Lais Vitoriano, Rosemeire Carbonari, Taciana Vaz
Colaboração técnico-pedagógica: Márcia Andréa Almeida de Oliveira

Suporte editorial: Fernanda de Araújo Fortunato

Coordenação de preparação e revisão   Cláudia Rodrigues do Espírito Santo
Preparação: Andréa Vidal, Berenice Baeder, Cecilia Farias, Janaína Silva, Luciana Chagas
Revisão: Berenice Baeder, Cecilia Farias, Luciana Chagas
Apoio de equipe: Beatriz Nascimento, Camila Durães Torres, Lívia Taioque

Coordenação de *design*   Gilciane Munhoz
Design: Thatiana Kalaes, Lissa Sakajiri

Coordenação de arte   Andressa Fiorio
Edição de arte: Gabriela Rodrigues Vieira, Renné Ramos
Assistência de arte: Selma Barbosa Celestino
Assistência de produção: Leslie Morais

Coordenação de iconografia   Josiane Laurentino
Pesquisa iconográfica: Bianca Fanelli
Tratamento de imagem: Marcelo Casaro

Capa   APIS Design
Ilustração da capa: Henrique Mantovani Petrus

Projeto gráfico   APIS Design
Editoração eletrônica   Arbore Comunicação

Pre-impressão   Américo Jesus
Fabricação   Alexander Maeda
Impressão   BMF Gráfica e Editora

Em respeito ao meio ambiente, as folhas deste livro foram produzidas com fibras obtidas de árvores de florestas plantadas, com origem certificada.

Dados Internacionais de Catalogação na Publicação (CIP)
(Câmara Brasileira do Livro, SP, Brasil)

Silva, Cícero de Oliveira
    Aprender juntos língua portuguesa, 4º ano : ensino fundamental / Cícero de Oliveira Silva, Elizabeth Gavioli de Oliveira Silva, Greta Marchetti. – 8. ed. – São Paulo : Edições SM, 2021. – (Aprender juntos)

    ISBN 978-65-5744-252-4 (aluno)
    ISBN 978-65-5744-282-1 (professor)

    1. Língua portuguesa (Ensino fundamental)
I. Silva, Elizabeth Gavioli de Oliveira.
II. Marchetti, Greta. III. Título. IV. Série.

21-67655   CDD-372.6

Índices para catálogo sistemático:

1. Língua portuguesa : Ensino fundamental 372.6

Cibele Maria Dias — Bibliotecária — CRB-8/9427

8ª edição, 2021
1ª impressão, 2021

SM Educação
Rua Cenno Sbrighi, 25 – Edifício West Tower n. 45 – 1º andar
Água Branca 05036-120 São Paulo SP Brasil
Tel. 11 2111-7400
atendimento@grupo-sm.com
www.grupo-sm.com/br

Apresentação

Querido estudante, querida estudante,

Este livro foi cuidadosamente pensado para ajudar você a construir uma aprendizagem cheia de significados que lhe sejam úteis não somente hoje, mas também no futuro. Nele, você vai encontrar incentivo para criar, expressar ideias e pensamentos, refletir sobre o que aprende e trocar experiências e conhecimentos.

Os temas, os textos, as imagens e as atividades propostos neste volume possibilitam o desenvolvimento de competências e habilidades fundamentais para viver em sociedade. Também ajudam você a lidar com as emoções, demonstrar empatia, alcançar objetivos, manter relações sociais positivas e tomar decisões de maneira responsável: oportunidades valiosas para que você se desenvolva como cidadão ou cidadã.

Acreditamos que é por meio de atitudes positivas e construtivas que se conquistam autonomia e capacidade para tomar decisões acertadas, resolver problemas e superar conflitos.

Esperamos que este material contribua para seu desenvolvimento e para sua formação.

Bons estudos!

Conhecer seu livro vai ajudar você a aproveitar melhor as oportunidades de aprendizagem que ele oferece. Veja a seguir como ele está organizado.

Abertura do livro

Abertura de volume

Na seção **Boas-vindas!**, você vai fazer atividades que o ajudarão a colocar em prática o que já sabe antes de iniciar os estudos do ano.

Abertura de capítulo

Este volume contém oito capítulos. Cada um deles se inicia com uma imagem representativa e atividades que convidam você e seus colegas a pensar e conversar sobre o tema trabalhado no capítulo.

Desenvolvimento do capítulo

Após a abertura, você vai ler e analisar textos variados, refletir sobre aspectos da nossa língua e produzir textos escritos e orais.

Na seção **Navegar na leitura**, você vai conhecer ampla diversidade de textos e realizar atividades que o ajudarão a compreender o que foi lido, a refletir sobre o assunto e a entender questões relacionadas à construção do texto.

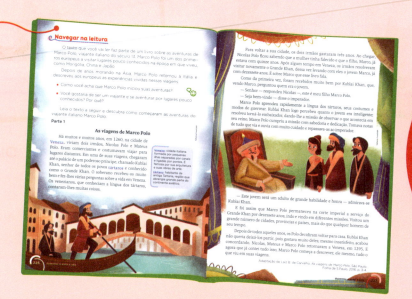

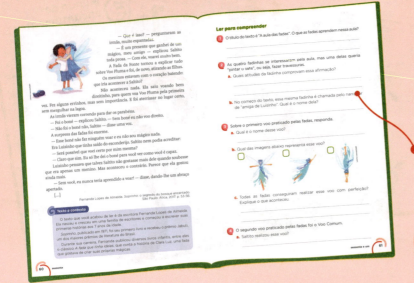

Por meio de atividades diversas, a seção **Caminhos da língua** leva você a se aventurar pelo mundo das letras e a refletir sobre a organização e o uso da língua.

Na seção **Jogos e brincadeiras**, você vai ter a oportunidade de aprender aspectos da nossa língua de uma maneira divertida.

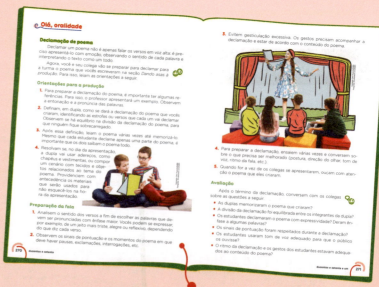

Na seção **Olá, oralidade**, você vai participar de atividades que envolvem a produção de textos orais e o estudo das relações entre a fala e a escrita.

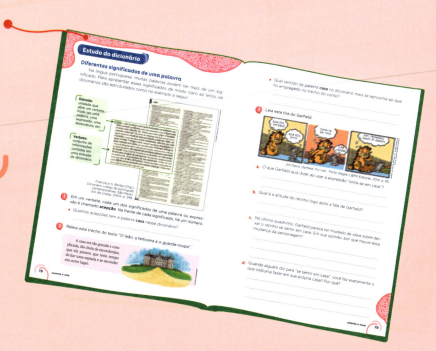

Na seção **Dando asas à produção**, você vai elaborar textos escritos destinados a diferentes leitores. Para isso, vai planejar, produzir, avaliar e reescrever o texto.

Na seção **Estudo do dicionário**, você vai conhecer essa ótima ferramenta de consulta e perceber quanto ela pode ser útil em sua aprendizagem.

Fechamento do capítulo

No fim dos capítulos, há seções que buscam ampliar seus conhecimentos sobre a leitura de imagens, a diversidade cultural e os conteúdos abordados no capítulo.

A seção **Vamos ler imagens!** propõe a análise e a apreciação de imagens relacionadas ao tema do capítulo. Nas atividades, você vai discutir aspectos do que foi observado.

Na seção **Pessoas e lugares**, você vai conhecer algumas características culturais de diferentes comunidades. As imagens complementam as informações sobre as tradições culturais mostradas.

Aqui na seção **Vamos compartilhar!**, você vai realizar apresentações e exposições sobre os assuntos estudados e, assim, compartilhar suas produções com a comunidade escolar.

A seção **Leituras e leitores** integra o primeiro capítulo do volume e propõe um projeto que propicia momentos de leitura na escola e em casa ao longo do ano.

Na seção **Vocabulário**, você vai encontrar uma relação de palavras presentes no capítulo, acompanhadas de seus significados, para conhecer, cada vez mais, o repertório de palavras da língua portuguesa.

Na seção **Sugestão de leitura**, você vai encontrar dicas de livros para ampliar seu universo de leitura.

A seção **Aprender sempre** é uma oportunidade para você verificar e analisar o que aprendeu no capítulo.

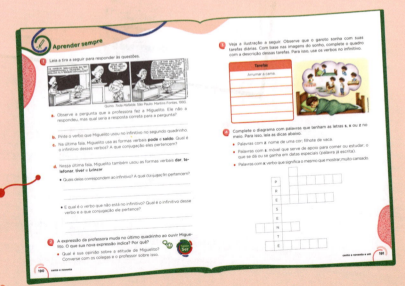

Finalizando o livro

Na seção **Até breve!**, você vai fazer atividades sobre os conteúdos estudados no decorrer do ano e verificar o quanto aprendeu.

No final do livro, você vai encontrar o **Encarte**, que contém material complementar a ser usado em algumas atividades.

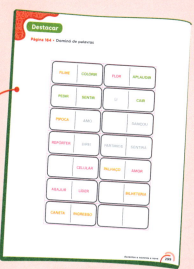

Ícones usados nos livros

Atividade em dupla

Atividade em grupo

Atividade oral

Atividade para casa

Saber ser
Sinaliza momentos para professor e estudantes refletirem sobre questões relacionadas a competências socioemocionais.

Sumário

Ilustração: Maria Gabriela Gama/ID/BR; Fotografias: Shutterstock.com/ID/BR

Ilustração: Maria Gabriela Gama/ID/BR.
Fotografias: Shutterstock.com/ID/BR

Maria Gabriela Gama/ID/BR

Rodrigo Cordeiro/ID/BR

Guilherme Asthma/ID/BR

Boas-vindas!

Parabéns, você chegou ao 4º ano!
As atividades a seguir são um aquecimento
para as aprendizagens que estão por vir.

1 Leia a letra da canção "O caderno", composta por Toquinho e Mutinho.

O caderno

Sou eu que vou seguir você
Do primeiro rabisco até o bê-a-bá
Em todos os desenhos coloridos vou estar
A casa, a montanha
Duas nuvens no céu
E um Sol a sorrir no papel

Sou eu que vou ser seu colega
Seus problemas ajudar a resolver
Te acompanhar nas provas bimestrais, você vai ver
Serei de você confidente fiel
Se seu pranto molhar meu papel

Minna Mind/ID/BR

Sou eu que vou ser seu amigo

Vou lhe dar abrigo, se você quiser

Quando surgirem seus primeiros raios de mulher

A vida se abrirá num feroz carrossel

E você vai rasgar meu papel

O que está escrito em mim

Comigo ficará guardado se lhe dá prazer

A vida segue sempre em frente

O que se há de fazer?

Só peço a você um favor, se puder

Não me esqueça num canto qualquer

Minna Miná/ID/BR

Toquinho e Mutinho. O caderno. Intérprete: Toquinho. Em: *Toquinho e suas canções preferidas*. São Paulo: Paradoxx, 1996.

● Sublinhe o verso que mostra que o caderno se dirige a uma menina.

2 Do que a letra da canção trata?

- ☐ Da importância do caderno para anotar informações para a prova.
- ☐ Do valor do caderno para registrar os desenhos de uma criança.
- ☐ Da trajetória de um caderno na vida de uma menina.
- ☐ Da habilidade de um caderno em guardar segredos.

3 De acordo com a letra da canção, quais são as qualidades do caderno?

- ☐ Companheirismo, fidelidade e criatividade.
- ☐ Companheirismo, fidelidade e amizade.
- ☐ Companheirismo, confiança e tolerância.
- ☐ Companheirismo, confiança e flexibilidade.

4 O que o caderno quis dizer com "Vou lhe dar abrigo, se você quiser"?

_____

_____

_____

_____

5 A letra da canção está organizada em versos e estrofes e apresenta rimas, recurso sonoro que serve para produzir musicalidade e ritmo.

a. Quantas estrofes e quantos versos tem a letra da canção?

_____

_____

b. Observe as palavras **céu**, **papel**, **fiel** e **carrossel**, que aparecem no final dos dois últimos versos das três primeiras estrofes. O que essas palavras têm em comum?

_____

_____

c. Cite outras palavras da letra da canção que rimam entre si.

_____

6 Leia as palavras do quadro, retiradas da letra da canção.

| papel | casa | esqueça | colega | sorrir |

a. Cite três palavras do texto nas quais o som representado pela letra **ℓ** é o mesmo que na palavra **papel**.

_____

b. Em quais palavras presentes na letra da canção o som representado pela letra **s** é o mesmo que na palavra **casa**?

_____

c. Em quais das palavras abaixo o som representado pela letra **c** é o mesmo que o representado pelo grupo **qu** na palavra **esqueça**?

⬜ vo**c**ê

⬜ rabis**c**o

⬜ **c**éu

⬜ **c**arrossel

d. Copie da primeira estrofe uma palavra em que o grupo **gu** representa o mesmo som que a letra **g** na palavra **colega**.

_____

e. O som forte representado pelo grupo **rr**, na palavra **sorrir**, é igual ao som representado pela letra **r** na palavra:

⬜ colo**r**idos.

⬜ fe**r**oz.

⬜ **r**aios.

7 O caderno se dirige à menina dizendo que será seu **colega**, **amigo** e **confidente**. Quanto à sílaba tônica, essas palavras são:

⬜ oxítonas.

⬜ paroxítonas.

⬜ proparoxítonas.

⬜ monossílabas.

Mundo de encantamentos

Há histórias que fascinam e divertem por levar a imaginação dos leitores para um mundo diferente. Nelas, há príncipes, princesas, fadas, bruxas, animais, objetos e lugares mágicos, vilões, heróis e também pessoas comuns.

Observe a imagem ao lado, analise a composição de todo o cenário e reflita sobre o que você vê nessa cena.

Para começo de conversa

1 Para você, o que está acontecendo na cena?

2 Você já leu ou conhece alguma história em que aparecem os animais presentes nessa imagem? Comente com os colegas.

3 Em sua opinião, que sentimentos as crianças parecem expressar nessa cena?

4 Lembre-se de uma história que você já tenha lido e que envolva magia ou encantamento. Conte-a para a turma, comentando os elementos da história dos quais você mais gostou.

CAPÍTULO 1

Ilustração: Guilherme Asthma/ID/BR; Fotografia: Shutterstock.com/ID/BR

Saber Ser

Navegar na leitura

O poema a seguir apresenta elementos de um mundo encantado descrito em algumas histórias. Primeiro, leia-o silenciosamente. Em seguida, faça a leitura em voz alta, conforme a orientação do professor.

- Como você imagina que seja esse mundo?
- Nesse mundo encantado mora a fada das crianças. Qual seria seu desejo se a fada pudesse realizá-lo?

A fada das crianças

Do seu **longínquo** reino cor-de-rosa,
Voando pela noite silenciosa,
A fada das crianças vem, **luzindo**.
Papoulas a coroam, e, cobrindo
Seu corpo todo, a tornam misteriosa.

À criança que dorme chega leve,
E, pondo-lhe na **fronte** a **mão de neve**,
Os seus cabelos de ouro acaricia –
E sonhos lindos, como ninguém teve,
A sentir a criança principia. [...]

E há figuras pequenas e engraçadas
Que brincam e dão saltos e passadas...
Mas vem o dia, e, leve e **graciosa**,
Pé ante pé, volta a melhor das fadas
Ao seu longínquo reino cor-de-rosa.

Fernando Pessoa. *Poemas para crianças*. São Paulo: Martins, 2007.

Weberson Santiago/ID/BR

longínquo: distante.
luzir: brilhar.
papoula: tipo de flor.
fronte: testa.
mão de neve: mão cuja pele é branca, clara.
gracioso: que tem graça, encanto, delicadeza, leveza.

Ler para compreender

1 O poema conta como foi uma visita feita a uma criança.

a. Quem visitou a criança?

_____

b. O que a criança estava fazendo quando foi visitada?

_____

2 Releia a primeira estrofe do poema.

Do seu longínquo reino cor-de-rosa,
Voando pela noite silenciosa,
A fada das crianças vem, luzindo.
Papoulas a coroam, e, cobrindo
Seu corpo todo, a tornam misteriosa.

• Como a fada das crianças se veste e se movimenta?

_____

_____

3 Veja agora outros versos do poema.

Mas vem o dia, e, leve e graciosa,
Pé ante pé, volta a melhor das fadas
Ao seu longínquo reino cor-de-rosa.

Ilustrações: Weberson Santiago/ID/BR

a. Copie a palavra que informa que a fada vai embora para seu mundo, para o lugar de onde veio.

_____

b. Copie a expressão que revela quando termina o encantamento que aconteceu à noite.

_____

c. Copie a palavra que informa que o reino cor-de-rosa é distante do mundo onde a criança vive.

_____

4 O que a palavra **cor-de-rosa** geralmente indica? O que você entende quando o poema diz que a fada é de um longínquo reino cor-de-rosa?

_____

_____

_____

5 O poema apresenta elementos relacionados a alguns dos cinco sentidos, que são: visão, audição, tato, olfato e gustação. Releia os versos a seguir e, depois, responda às questões.

Weberson Santiago/ID/BR

> E, pondo-lhe na fronte a mão **de neve**,
> Os seus cabelos **de ouro** acaricia

a. As expressões destacadas fazem referência a duas cores. Que cores são essas?

_____

_____

b. Copie dos versos duas ações que revelam gestos, movimentos com a mão.

_____

c. Quais são os sentidos que aparecem representados nos versos? Explique sua resposta.

_____

_____

_____

6 Nas alternativas abaixo, foram reproduzidos versos do poema lido. Marque com um **X** a alternativa que remete ao sentido da audição.

☐ "E há figuras pequenas e engraçadas"

☐ "Do seu longínquo reino cor-de-rosa,"

☐ "Voando pela noite silenciosa,"

☐ "A fada das crianças vem, luzindo."

7 No poema, há palavras que indicam qualidades e características de substantivos, isto é, dos seres e objetos. Observe as palavras que indicam qualidades e características do substantivo **fada**.

> **Dica**
>
> Para descobrir que palavras e expressões são essas, faça uma destas perguntas: "Como era o(a)...?" ou "Como eram os(as)...?".

misteriosa   leve   graciosa

- Agora, sua tarefa será descobrir no poema palavras ou expressões que indicam qualidades ou características dos substantivos listados a seguir.

a. reino _____

b. noite _____

c. sonhos _____

d. figuras _____

Ao contar ou escrever uma história, é importante **descrever** as personagens e o ambiente em que os fatos acontecem. Para descrever a personagem, apresente informações sobre a aparência dela, o jeito de ser, as preferências, o modo de falar, etc. Para descrever o ambiente em que as cenas acontecem, você pode usar expressões como "reino muito distante", "floresta encantada", "castelo mal-assombrado", "céu iluminado", etc. Isso torna a história mais interessante para quem a lê ou ouve.

8 Em casa, releia o poema "A fada das crianças". Ele apresenta elementos que costumam aparecer em qual gênero textual?

- ⬜ Piada.
- ⬜ Receita.
- ⬜ Cartão-postal.
- ⬜ Conto de encantamento.
- ⬜ Notícia.

Ilustrações: Weberson Santiago/ID/BR

Caminhos da língua

Substantivo

1 Releia o poema "A fada das crianças". Depois, complete o texto a seguir.

O ser mágico que chega à noite
é uma _____. Ela mora em
um _____ cor-de-rosa e
visita uma _____ que dorme.

Vamos recordar?
As palavras que você escreveu na atividade **1** são **substantivos**.
Substantivos são palavras que dão nome a pessoas, animais, lugares, sentimentos, objetos, entre outras coisas.

2 Leia esta tira.

CADÊ O MEU CASACO?

JÁ OLHEI EM TODA PARTE! EMBAIXO DA CAMA, EM CIMA DA CADEIRA...

NA ESCADA, NO CORREDOR, NA COZINHA... SIMPLESMENTE NÃO ESTÁ EM LUGAR NENHUM!

AH, *AQUI* ESTÁ! QUEM PÔS DENTRO DESSE ARMÁRIO IDIOTA?

Bill Watterson. *Calvin e Haroldo*: E foi assim que tudo começou. São Paulo: Conrad, 2007. p. 77.

a. Qual é o nome do objeto que Calvin estava procurando?

_____

b. Calvin procurou o objeto embaixo da cama e em cima da cadeira. Em que outros locais ele procurou e onde encontrou o que procurava?

c. Como são classificados o nome do objeto que Calvin procurava e o nome do móvel onde ele o encontrou?

_____

d. No último quadrinho, que substantivo poderia substituir a palavra **armário** sem alterar o sentido do que Calvin disse?

_____

e. O lugar onde o objeto foi encontrado é adequado para guardar o que Calvin estava procurando? Por quê?

_____

_____

f. Em sua opinião, por que Calvin ficou tão bravo com a situação? Converse com os colegas e registre a resposta de vocês nas linhas abaixo.

_____

_____

_____

g. O que provoca humor na tira?

_____

_____

3 Calvin chama o armário de **idiota**. Leia o significado dessa palavra e discuta as questões a seguir com os colegas e o professor.

> **Idiota:** pessoa sem inteligência, tola.

Antônio Houaiss. _Dicionário eletrônico Houaiss da língua portuguesa._ Rio de Janeiro: Objetiva, 2009.

a. É adequado atribuir esse tipo de qualidade a um armário? Por quê?

b. A intenção de Calvin, ao chamar o armário dessa maneira, foi atacar a pessoa que guardou o casaco. Uma pessoa que guarda um casaco no armário ou guarda-roupa é uma pessoa tola?

c. Em sua opinião, a atitude de Calvin está correta?

Navegar na leitura

O texto que você vai ler a seguir conta a história de um inesperado acontecimento mágico. Esse evento representará um grande desafio na vida das personagens.

Leia o título e observe a ilustração.

- Quantos corvos há na ilustração?
- Você já viu um corvo alguma vez? Conte aos colegas.

Parte 1

Os sete corvos

Havia certa vez um homem que tinha sete filhos, e, por último, teve uma filha. Embora a menininha fosse bastante bonita, era tão fraca e miúda que todos julgaram que não fosse viver, resolvendo **de pronto** batizá-la.

> **de pronto:** logo, de imediato.
> **inquieto:** preocupado.

Então o pai mandou um dos filhos correr até a fonte para trazer um pouco d'água para o batismo, mas os outros seis foram correndo com ele. Cada um queria ser o primeiro a pegar a água, e estavam todos com tanta pressa, que deixaram suas jarras caírem no poço. Assim, lá ficaram de pé como tolos, olhando um para o outro sem saber o que fazer [...]. Nesse meio tempo, o pai ficou **inquieto** e não podia imaginar o que fazia os jovens demorarem tanto.

"Certamente" — pensou — "os sete se distraíram com algum jogo ou brincadeira." Mas depois de esperar bastante e os filhos não retornarem, o pai enfureceu-se e desejou que os sete se transformassem em corvos. Mal havia esbravejado o seu desejo, quando ouviu um **crocitar** sobre a sua cabeça, e, olhando para cima, avistou sete corvos pretos voando e revoando em círculos. O pai, embora arrependido ao ver o seu desejo realizado, não via como o feito pudesse ser desfeito, e se consolou como pôde pela perda dos sete filhos com a sua querida filhinha, que logo tornou-se mais forte e cada dia mais bonita.

crocitar: o som da voz do corvo.

Por um longo tempo ela não soube que tivera irmãos, pois seu pai e sua mãe cuidavam para não falar neles em sua presença. Mas um dia, por acaso, ela escutou algumas pessoas neles falarem.

— Sim — diziam —, ela é de fato bela, mas ainda assim é uma pena que os seus irmãos tenham se perdido por sua causa.

Então a menina muito sofreu. Correu até o pai e a mãe, perguntando se um dia tivera irmãos e o que acontecera a eles. Aí os pais não mais ousaram esconder-lhe a verdade; mas lhe explicaram ter sido a vontade dos céus, e que o seu nascimento fora apenas uma causa inocente de toda a história. Mas a menininha, depois disso saber, sofria e sofria todos os dias, tristemente, e se julgava na obrigação de fazer o que pudesse para trazer de volta os irmãos. E não mais teve descanso e nem paz, até que por fim um dia fugiu, partindo mundo afora ao encontro dos irmãos para libertá-los onde quer que pudessem estar e custasse o que custasse.

Jacob Grimm e Wilhelm Grimm. *O príncipe sapo e outras histórias*. Porto Alegre: L&PM, 2015. p. 173-174.

Weberson Santiago/ID/BR

Ler para compreender

1 Você já tinha ouvido ou lido contos com situações de encantamento? Comente com a turma.

2 Quem são as personagens da parte **1** dessa história?

_____

_____

3 Copie o trecho que descreve como era a menina logo que ela nasceu.

_____

_____

• Com o passar do tempo, como ela se tornou?

_____

4 No conto "Os sete corvos", a história começa assim:

> **Havia certa vez** um homem que tinha sete filhos, e, por último, teve uma filha.

a. Não é possível saber a data exata em que a história aconteceu. Se fosse possível, isso faria alguma diferença para o sentido do que foi contado? Por quê?

_____

_____

b. Veja a seguir algumas possibilidades de se começar uma história. Marque com um **X** as alternativas com expressões que poderiam ser usadas para dar início a contos como esse no lugar de "Havia certa vez".

☐ Era uma vez...

☐ Na época dos reis e das rainhas...

☐ No ano de 1378, aconteceu que...

☐ Há muitos e muitos anos...

☐ Ontem, dia 23 de março...

Weberson Santiago/IDBR

5 De acordo com o texto, o que aconteceu para que o pai ficasse com raiva dos sete filhos?

_____

_____

_____

6 Foi o "desejo" do pai que desencadeou um acontecimento mágico. Que acontecimento foi esse?

_____

_____

7 A menina cresceu sabendo que tinha irmãos?

_____

8 O que ela fez ao descobrir o que tinha acontecido com os irmãos?

_____

_____

9 Releia o trecho a seguir, que narra como a menina ficou após saber a verdade sobre o que havia acontecido com os irmãos.

> Mas a menininha, depois disso saber, **sofria e sofria todos os dias, tristemente**, e se julgava na obrigação de fazer o que pudesse para trazer de volta os irmãos.

Weberson Santiago/ID/BR

- Qual é o efeito de sentido provocado pela repetição da palavra **sofria**?

_____

_____

_____

10 Quem narra os acontecimentos de uma história se chama **narrador**. No conto lido, o narrador participa dos eventos narrados? Explique.

_____

_____

Narrador

Em textos narrativos, quando um autor vai escrever uma história, é comum que ele crie um narrador para contá-la. Assim, é o **narrador** quem **narra** os acontecimentos.

Quando o narrador participa da história, ele é chamado de **narrador-personagem**. Nesse caso, diz-se que a narrativa está em **primeira pessoa**, pois o narrador conta a história com base em seu próprio ponto de vista.

No caso do conto "Os sete corvos", o narrador não é personagem da história. Ele narra os acontecimentos sem participar deles: é um **narrador-observador**. Nesse caso, diz-se que a narrativa está em **terceira pessoa**.

11 Nos trechos a seguir, sublinhe o que for fala do narrador e circule o que for fala ou pensamento das personagens.

A Havia certa vez um homem que tinha sete filhos, e, por último, teve uma filha.

B Sim — diziam —, ela é de fato bela, mas ainda assim é uma pena que os seus irmãos tenham se perdido por sua causa.

C Nesse meio tempo, o pai ficou inquieto e não podia imaginar o que fazia os jovens demorarem tanto. "Certamente" — pensou — "os sete se distraíram com algum jogo ou brincadeira." Mas depois de esperar bastante e os filhos não retornarem, o pai enfureceu-se e desejou que os sete se transformassem em corvos.

Weberson Santiago/ID/BR

12 Muitas histórias apresentam um problema que precisa ser solucionado. Qual é a principal situação-problema no conto lido e quem se propôs a resolvê-la?

_____

_____

_____

13 Em sua opinião, vai ser fácil para a menina resolver o problema descrito nessa parte da história? Por quê?

_____

_____

Caminhos da língua

Uso de g e j

1 Leia as palavras do quadro em voz alta.

jeito   viagem

● Agora, leia com atenção as duplas de palavras a seguir e faça o que se pede.

gato – ami**ga**
gelada – homena**gem**
golinho – a**go**ra
guaraná – fi**gu**ras
girafa – a**gi**lidade

a. Escreva as duplas de palavras em que a letra **g** representa o mesmo som que a letra **j**.

_____

b. Escreva as duplas de palavras em que a letra **g** não representa o mesmo som que a letra **j**.

_____

c. Agora, complete o texto do quadro seguir.

> Antes das vogais _____ e _____, as letras **g** e **j** representam o mesmo som, tanto no início como no meio das palavras.

2 Complete o quadro conforme a indicação em cada coluna. Para isso, pesquise palavras em revistas, jornais, panfletos, etc.

Palavras com j	Palavras com ge e gi

3 Forme palavras da mesma família, como no exemplo a seguir.

> laranja: laranjal, laranjeira, laranjada.

a. jeito: _____

b. gelo: _____

c. sujo: _____

d. justiça: _____

Você sabia que muitas palavras escritas com a letra **j** são de origem indígena? Veja alguns exemplos.

Jaçanã	Jiboia	Pajé

Jabá	Jenipapo	Jabuticaba

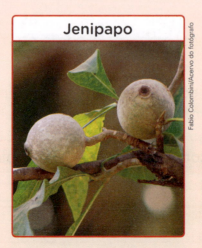
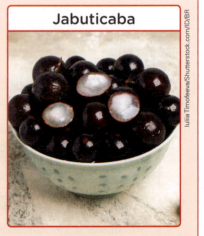

Pesquise outras palavras de origem indígena escritas com **j** para saber mais e não ter dúvida na hora de escrevê-las.

Jogos e brincadeiras

Uso de g e j

Você já estudou que muitas palavras escritas com a letra **j** são de origem indígena e conheceu algumas delas. Agora, que tal aprender o que essas palavras significam em sua língua original?

Relacione cada palavra a seu sentido na língua original. Aproveite e leia as palavras em voz alta.

Observe, no exemplo abaixo, o tipo de relação que você deve fazer:

> **Dica**
>
> Observe atentamente as imagens. Elas dão pistas sobre o significado das palavras.

Acajá ou cajá (*acã-já*).

→ Fruto de caroço cheio.

Agora, relacione os elementos da primeira coluna com os da segunda.

A Jacaré (*jaeça-caré*).

1 O que respira pouco.

B Jururu (*juru-ru*).

2 Fruto de esfregar, de pintar.

C Jabuti (*j-abu-ti*).

3 O que olha de banda, de lado.

D Jenipapo (*iá-nipaba*).

4 Pescoço pendido, inclinado.

Fonte de pesquisa: Adriana Franzin. Palavras indígenas nomeiam a maior parte das plantas e animais do Brasil. *EBC*, 20 out. 2015. Disponível em: http://www.ebc.com.br/infantil/voce-sabia/2015/10/palavras-indigenas-nomeiam-maior-parte-das-plantas-e-animais-do-brasil. Acesso em: 17 mar. 2021.

Na seção *Navegar na leitura* anterior, você leu a primeira parte do conto de encantamento "Os sete corvos". Agora, você vai saber como a história continua e o que aconteceu depois de a menina sair de casa à procura dos irmãos.

Antes de ler o texto todo, leia o primeiro parágrafo e responda:

- Ir até o fim do mundo, até o sol e até a lua não é algo que um de nós possa fazer. Por que isso é possível em histórias como essa?

- Em sua opinião, situações incríveis como essa provocam a imaginação do leitor a viajar com a menina? Você consegue se imaginar em lugares assim?

Parte 2

Os sete corvos

Nada levou com ela a não ser um anelzinho, presente dos pais, uma **bisnaga** de pão, no caso de sentir fome, uma jarra-d'água, no caso de sentir sede, e uma **banqueta**, no caso de sentir cansaço. E assim lá se foi, e andou e andou e viajou até que chegou ao final do mundo. Foi então ao sol, mas o sol parecia por demais quente e fogoso. Então correu rapidamente para a lua; mas a lua era fria e gelada [...].

> **bisnaga:** pão de formato comprido, grosso, mas fino nas pontas.
> **banqueta:** banco pequeno sem encosto.

A menina então fugiu bem depressa até chegar nas estrelas. E as estrelas foram gentis e amáveis para com ela, e cada uma sentava-se em sua própria banqueta; mas então a estrela da manhã levantou-se e foi até ela e lhe deu um pedacinho de madeira, dizendo:

— Se não tiveres contigo este pedacinho de madeira, não poderás destrancar o castelo, que fica na montanha de vidro, onde moram os teus sete irmãos.

A menininha pegou o pedacinho de madeira, enrolou-o num paninho e partiu novamente, até alcançar a montanha de vidro […].

Na entrada do castelo, um anãozinho dela se aproximou perguntando:

— O que buscas?

— Busco os meus irmãos, os sete corvos — ela respondeu.

Aí o anão lhe disse:

— Meus senhores não se encontram em casa, mas se puderes esperar até que voltem, por favor, queira entrar.

Ora, o anãozinho estava preparando o jantar dos corvos, e trouxe a comida em sete pratinhos e a bebida em sete copinhos, e tudo arrumou sobre a mesa. E de cada pratinho a irmã mordiscou um bocadinho, e de cada copinho bebeu um golinho; mas deixou cair o seu anel no último copo.

Súbito, ela ouviu um **esvoaçar** e um crocitar pelos ares e o anão anunciou:

> **esvoaçar:** movimento de asas para erguer voo.

— Eis que chegam os meus senhores.

Ao entrarem, os corvos queriam comer e beber e procuraram os seus pratos e copos. Então, um depois do outro perguntou:

— Quem comeu no meu pratinho? E quem bebeu no meu copinho? — Cró! Cró! Posso garantir. Lábios mortais estiveram aqui.

Quando o sétimo corvo terminou de beber, encontrou no fundo de seu copo o anel, e, examinando-o, reconheceu pertencer aos pais. Então, exclamou:

— Ai, se nossa irmãzinha viesse! Então nos libertaria!

Isto ouvindo, a menininha (que se escondera atrás da porta todo este tempo e a tudo observara) correu até o irmão. E no mesmo instante todos os corvos retornaram às suas formas originais, e todos se abraçaram e se beijaram e juntos voltaram para casa alegremente.

Jacob Grimm e Wilhelm Grimm. *O príncipe sapo e outras histórias*. Porto Alegre: L&PM, 2015. p. 174-176.

Weberson Santiago/ID/BR

Ler para compreender

1 Na parte **1** do texto, as personagens que aparecem na história são a menina, os irmãos que viraram corvos, o pai, a mãe e as pessoas que comentavam sobre a família. Que personagens aparecem na parte **2**?

_____

_____

2 Qual das personagens da história é a principal?

_____

> A personagem principal, também chamada de **protagonista**, é a personagem mais importante de uma história.

3 Retome sua resposta para a atividade **13** da página 32. O que você imaginou que aconteceria na história se confirmou com a leitura da parte **2** do texto? Conte aos colegas.

4 Em muitas histórias de encantamento, há um herói ou uma heroína. Leia a seguir algumas definições da palavra **herói** em um dicionário.

he.rói *s.m.* **1** quem se distingue por sua coragem extraordinária numa guerra ou diante de outro perigo qualquer. **2** protagonista de qualquer aventura, feito ou evento. **3** pessoa notável por seus feitos ou por sua coragem.

Domingos Paschoal Cegalla. *Dicionário escolar da língua portuguesa*. São Paulo: Companhia Editora Nacional, 2005. p. 468.

a. No conto "Os sete corvos", quem faz o papel de herói ou heroína?

_____

b. Marque com um **X** as situações que são verdadeiras para a personagem que é herói ou heroína no conto "Os sete corvos".

☐ Tem uma situação-problema a resolver.

☐ Deixa a casa onde vive e vai para outro lugar.

☐ Enfrenta dificuldades para chegar a seu destino.

☐ Participa de uma longa batalha, uma grande guerra.

☐ Tem contato com seres mágicos.

Weberson Santiago/ID/BR

◻ Recebe um objeto mágico de um ser encantado.

◻ Desfaz um feitiço ou encantamento.

◻ Permanece aprisionado(a) por um tempo.

◻ Depois de solucionar a situação-problema, volta para casa.

c. Reúna-se com o professor e com os colegas para localizar no texto as situações enfrentadas pela personagem que faz o papel de herói ou heroína. Leiam em voz alta trechos que confirmem a escolha de vocês.

A maioria dos contos de encantamento tem a seguinte estrutura.

1. **Introdução:** parte inicial em que são apresentados as personagens e o ambiente da história.

2. **Conflito:** situação-problema ocorrida na história.

3. **Busca da solução:** momento em que os conflitos começam a ser solucionados, encaminhando a história para o desfecho.

4. **Desfecho:** solução das situações-problema, final da história.

5 Volte à atividade **4** e copie o item que indica:

a. a solução da situação-problema no conto "Os sete corvos".

_____

b. o desfecho, isto é, o final da história.

_____

6 Dentre as personagens, quem era a mais fraca no início do conto? Ela permaneceu assim até o final? Explique sua resposta.

_____

_____

_____

_____

Weberson Santiago/ID/BR

7 Converse com os colegas e o professor sobre o conto. Então, escrevam na lousa todos os elementos de encantamento presentes na história.

Caminhos da língua

Adjetivo

1 Releia a frase a seguir, que indica como era a menina quando nasceu.

> Embora a menininha fosse bastante bonita, era tão fraca e miúda que todos julgaram que não fosse viver, resolvendo de pronto batizá-la.

Weberson Santiago/ID/BR

a. Sublinhe, no trecho acima, as palavras que indicam as características da menina.

b. Releia este outro trecho.

> O pai [...] se consolou como pôde pela perda dos sete filhos com a sua querida filhinha, que logo tornou-se mais forte e a cada dia mais bonita.

- Qual característica da menina mudou depois que ela cresceu?

_____

2 No conto "Os sete corvos", a menina encontra três seres da natureza.

a. Que seres são esses?

_____

b. Quais são as características de cada um deles?

_____

_____

Dica

Elas foram apresentadas no primeiro e no segundo parágrafos da parte **2** do conto.

> Vamos recordar?
> As palavras que expressam **qualidades** ou **características** dos substantivos são chamadas **adjetivos**. Veja um exemplo encontrado no conto.
>
> E as estrelas foram **gentis** e **amáveis** para com ela.
>
> A palavra **estrelas** é um substantivo.
> As palavras **gentis** e **amáveis** são adjetivos, pois atribuem qualidades ou características ao substantivo **estrelas**.

Weberson Santiago/ID/BR

3 Observe o quadro a seguir. A primeira coluna traz duas estrofes do poema "A fada das crianças". A segunda coluna apresenta uma versão do poema, ou seja, um texto reescrito com base nas estrofes originais. Forme dupla com um colega e leiam os dois textos.

Poema "A fada das crianças"	Versão do poema "A fada das crianças"
À criança que dorme chega leve, E, pondo-lhe na fronte a mão de neve, Os seus cabelos de ouro **acaricia** — E **sonhos lindos**, como ninguém teve, A sentir a criança principia. [...] E há **figuras pequenas e engraçadas** Que **brincam** e dão saltos e passadas... Mas vem o **dia**, e, **leve** e **graciosa**, Pé ante pé, volta a **melhor das fadas** **Ao seu longínquo reino cor-de-rosa.**	À criança que dorme chega leve, E, pondo-lhe na fronte a mão de neve, Os seus cabelos de ouro **arrepia** — E **pesadelos**, como ninguém teve, A sentir a criança principia. E há **figuras** tão **desengonçadas** Que **assustam** e dão saltos e passadas... E vem a **noite**, e, **triste** e **tenebrosa**, Pé ante pé, volta a **malvada** _____ **À sua horrível vassoura pavorosa.**

Weberson Santiago/ID/BR

a. Completem o espaço em branco na versão do poema indicando uma personagem.

b. Releiam as palavras em destaque no primeiro e no segundo texto. A troca de algumas palavras na versão mudou o clima da cena descrita? Por quê?

Dica

Repare que, na versão do poema, é dito que a personagem é malvada e usa uma vassoura pavorosa.

_____

_____

c. Quais foram os adjetivos que contribuíram para criar um clima de terror no segundo poema?

_____

d. Observem a expressão "mão de neve" na versão do poema. Ela tem o mesmo sentido que no poema original? Expliquem.

_____

_____

Caminhos da língua

Sufixos

Sufixos -oso, -osa

1 Leia os substantivos do quadro.

silêncio   mistério

• Em cada trecho a seguir, há um adjetivo formado a partir de um dos substantivos do quadro. Encontre e circule esses adjetivos.

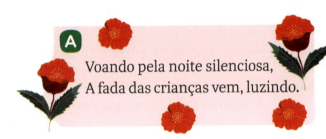

A
Voando pela noite silenciosa,
A fada das crianças vem, luzindo.

B
Papoulas a coroam, e, cobrindo
Seu corpo todo, a tornam
misteriosa.

Weberson Santiago/ID/BR

2 Forme adjetivos terminados em **-oso** ou **-osa** a partir de substantivos, como na atividade anterior.

a. bondade: _____

b. amor: _____

c. maravilha: _____

d. charme: _____

e. carinho: _____

O sufixo **-oso** e a forma feminina **-osa** formam alguns **adjetivos** derivados de substantivos. Exemplos: fam**oso**, perig**oso**, vitori**osa**, caprich**osa**.

3 Você estudou adjetivos que terminam em **-oso** e **-osa**. Agora, discuta com os colegas e o professor: Existem adjetivos terminados em **-ozo** e **-oza**? Depois, registrem sua resposta por escrito.

_____

Sufixos -ez, -eza

4 Leia a quadrinha a seguir.

Lá no céu tem mil estrelas
Reluzindo de riqueza
Quem quiser casar comigo
Não repare a pobreza.

Domínio público.

a. Copie da quadrinha os substantivos terminados em **-eza**.

_____

b. O substantivo **riqueza** é derivado do adjetivo **rico**. E o outro substantivo que você apontou no item anterior, é derivado de qual adjetivo?

_____

5 Leia as palavras do quadro. Depois, complete os espaços segundo a definição de cada uma delas.

lucidez   timidez   fluidez

a. Aquilo que é fluido, apresenta: _____.

b. Aquele que é tímido, acanhado, apresenta: _____.

c. Aquele que está lúcido, ou seja, consciente, apresenta: _____.

> Os sufixos **-ez** e **-eza** formam alguns dos substantivos derivados de adjetivos. Exemplos: gravid**ez**, delicad**eza**.

6 Preencha o quadro com as palavras que faltam.

Adjetivo	Substantivo
belo	
	timidez
delicado	
rápido	

Dando asas à produção

Conto de encantamento

No começo deste capítulo, você conheceu o poema "A fada das crianças". Nele, há personagens que fazem parte do universo dos contos infantis. Esse poema servirá de base para sua produção.

O que vou produzir

O poema "A fada das crianças" cita um reino distante. Releia-o para relembrar seu conteúdo. Em seguida, use sua imaginação e as orientações a seguir para criar um conto de encantamento que se passe nesse reino.

Orientações para a produção

1. Pense em como vai ser o conto de encantamento e no que vai acontecer em sua história. Planeje os elementos a seguir.

    - Quem são as personagens da história?

    - Há um herói ou uma heroína?

    - Que tipo de situação-problema as personagens vivenciam?

    - Como elas solucionam os problemas que enfrentam?

    - Há seres com poderes mágicos? Se sim, que poderes são esses?

    - Há personagens que atrapalham e outras que ajudam o herói ou a heroína da história?

    - De que maneira a história termina?

    - O narrador participa da história ou apenas descreve as situações?

2. Em uma folha avulsa, faça uma ilustração que represente como você imagina o longínquo reino cor-de-rosa do poema "A fada das crianças".

3. Depois de fazer a ilustração, descreva como é esse reino, o que há nele, em que lugar fica, que seres o habitam, etc.

4. Para realizar a descrição, é preciso:

    - prestar atenção nos elementos mais importantes para criar o clima da história, escolhendo os detalhes que mais interessam aos objetivos do texto.

    - usar adjetivos para caracterizar seres, objetos e o ambiente.

5. Se tiver dúvidas, converse com os colegas e o professor.

Weberson Santiago/ID/BR

Avaliação e reescrita

Releia seu texto e verifique os itens a seguir. Pinte **sim** ou **não** para responder às perguntas, considerando o que foi feito em seu texto.

	Sim	Não
1. Você apresentou descrições do ambiente que ajudam o leitor a compreender como é o reino?	Sim	Não
2. Você empregou adjetivos ou expressões que caracterizam os seres e os lugares?	Sim	Não
3. Ficou bem claro quem são as personagens e quem é o herói ou a heroína?	Sim	Não
4. O texto apresenta o conflito a ser resolvido pelas personagens, a solução e o desfecho da história?	Sim	Não
5. O texto apresenta repetições de palavras ou expressões de forma desnecessária?	Sim	Não

Antes de passar o texto a limpo, tire dúvidas sobre a escrita das palavras consultando um dicionário. Verifique se a versão final será manuscrita ou digitada em um computador da escola, caso haja essa possibilidade.

Circulação do texto

1. Seu conto será lido para a turma no dia combinado com o professor.

2. Todos os contos produzidos pela turma deverão fazer parte de um livro de contos.

3. Para isso, organizem os contos de acordo com a ordem alfabética dos nomes dos estudantes que os produziram.

4. Confeccionem uma capa para o livro cortando uma cartolina que tenha um pouco mais que o dobro do tamanho do papel em que os contos foram escritos, de modo que, ao dobrar o recorte de cartolina, seja possível colocar todos os contos dentro dessa capa. Ilustrem a capa e criem um título que identifique a turma de vocês. Os contos podem ser colados, grampeados ou costurados na capa.

5. Na seção *Vamos compartilhar!*, no capítulo 2, vocês vão encontrar orientações para organizar o lançamento do livro. Nesse dia, vocês terão a oportunidade de ler ou contar as histórias produzidas para os colegas, caso tenham interesse. Para isso, vão se preparar a seguir, em *Olá, oralidade*.

6. Uma cópia do livro também pode ser entregue na biblioteca da escola.

Weberson Santiago/ID/BR

Olá, oralidade

Contação de histórias

A maneira de contar uma história é muito importante para chamar a atenção de quem a está ouvindo. Você não quer experimentar?

Com os colegas e com a orientação do professor, realizem um dia de contação de histórias.

Davi Augusto/ID/BR

Orientações para a produção

1. Pesquise contos de encantamento (contos de fadas) em livros da biblioteca ou em livros que você tenha em casa.

2. Reúna-se com os colegas para preparar a contação. Formem trios ou grupos com quatro integrantes.

3. Em grupo, leiam alguns dos contos de encantamento que vocês selecionaram e escolham um deles para realizar a contação. Vocês também podem escolher um dos textos escritos na seção *Dando asas à produção*.

4. Releiam o conto que escolheram e decidam:

   - de que maneira envolverão o leitor.
   - que recursos utilizarão na contação (pode ser o próprio livro, um desenho, a expressão corporal, etc.).
   - quem fará a contação e quem cuidará dos efeitos sonoros (música, ruídos, etc.).
   - quem preparará o cenário (podem ser desenhos na lousa ou em uma cartolina), os figurinos (roupas e acessórios usados por quem vai contar a história), etc.

Preparação da fala

1. Contar uma história não é simplesmente ler um texto ou representar uma peça teatral. É preciso também usar o estilo pessoal, empregando diferentes recursos para enriquecê-la. Esses detalhes precisam de planejamento.

2. Para decidir quais recursos vocês vão usar na apresentação, selecionem trechos marcantes da história original. Os trechos servirão de inspiração para realizar comentários de humor, manuseio de objetos, entonação de suspense, etc.

3. Para atrair a atenção da plateia, o contador precisa planejar com antecedência:

- a memorização da sequência da história.
- o emprego de comentários, humor e interação com o público, definindo em que momentos usará esses recursos.
- o figurino que será utilizado, decidindo se haverá troca de adereços ou roupas enquanto a história é contada (troca de uma peça por outra, por exemplo, pôr e tirar uma capa ou um chapéu; etc.).
- os objetos que serão usados para fazer a ambientação do conto.
- como será o final da apresentação.

4. Ao preparar a apresentação, o contador precisa ensaiar várias vezes. Para isso, é possível contar com a ajuda dos demais integrantes do grupo, que podem sugerir melhorias na exposição.

5. Caso o grupo ache interessante, cada integrante pode contar uma parte da história, mas todos precisam fazer isso com entusiasmo, evitando que a plateia se desinteresse pela contação.

6. Depois de contar a história para a própria turma, vocês poderão se apresentar no dia do evento proposto na seção *Vamos compartilhar!*, no final do próximo capítulo, caso tenham interesse.

Avaliação

Junto com a turma, avaliem de que maneira os grupos se saíram na contação. Para isso, releiam as orientações dadas anteriormente e conversem sobre as questões a seguir.

- Quais foram os pontos mais interessantes identificados na apresentação de cada grupo?
- Que estratégias os integrantes usaram para atrair o público no que se refere:
  a. ao uso da voz, dos gestos e do ritmo da contação?
  b. ao uso de outros elementos, como som, adereços, etc.?
- Quais foram as maiores dificuldades de cada grupo?
- O que poderia ser melhorado em uma próxima vez?
- A turma considerou que os ensaios foram suficientes?
- Que sensações a turma sentiu ao realizar essa atividade?

Vamos ler imagens!

Pintura de livro infantil

Veja esta pintura, que mostra algumas crianças. Observe com atenção os elementos que a compõem e, depois, responda às questões.

Walter Firle (1859-1929). *O conto de fadas*. Óleo sobre tela.

1 Quantas crianças aparecem na imagem?

_____

2 O que as crianças estão fazendo juntas?

_____

_____

3 Como você descreveria a expressão no rosto dessas crianças?

_____

_____

_____

4 Observe como está o corpo das crianças.

a. Qual é a posição do corpo delas?

_____

_____

b. O que essa posição do corpo indica em relação ao que está acontecendo na cena?

_____

_____

5 Observe as roupas e os penteados das crianças.

a. Como as crianças estão vestidas? Como está o cabelo delas?

_____

_____

b. Pelas roupas e pelos penteados das crianças, que época a pintura retrata: Uma época antiga ou atual? Justifique sua resposta.

_____

_____

6 Em que parte da casa as crianças estão?

_____

7 Observe as cores que compõem a pintura.

a. Quais são as cores predominantes na pintura?

_____

b. Quais são as partes mais claras e mais iluminadas da pintura? De onde vem luz?

_____

_____

_____

c. Leia o título da pintura e responda: Que personagens poderiam estar presentes no livro que as crianças estão lendo?

Leituras e leitores

Eu leio, eu aprecio

Em anos anteriores, você possivelmente leu diferentes textos. Este ano, além de realizar novas leituras, você vai escolher os textos preferidos para apresentar aos colegas. Também vai descobrir quais são os temas pelos quais você tem mais interesse.

À medida que for lendo esses textos, você vai compartilhar as leituras com a turma e os familiares.

Organizando a leitura

1. Para começar, forme um grupo com quatro pessoas. Neste capítulo, foram lidos um poema e um conto de encantamento. Agora, cada integrante do grupo vai pesquisar e escolher outro poema e outro conto de encantamento para compartilhar com a turma. Vocês podem pesquisar em livros da biblioteca da escola, do cantinho de leitura da sala de aula ou, com a ajuda de um responsável, de uma biblioteca pública.

2. Façam a leitura dos textos em casa e, em um momento combinado com o professor, em sala de aula. Experimentem fazer a leitura de alguns dos textos em voz alta e depois silenciosamente.

3. Cada integrante vai ler um poema para os colegas do grupo. O grupo deve escolher um desses poemas e recitá-lo à turma em um dia combinado com o professor. Isso também deve ser feito com o conto de encantamento: cada integrante pesquisa um conto, apresenta aos colegas do grupo e, juntos, escolhem uma das quatro histórias para contar à turma.

4. No momento da leitura e quando forem decidir qual texto será exposto à turma, conversem sobre os temas de que vocês mais gostaram no conto de encantamento escolhido.

Ilustração: Maria Gabriela Gamal/ID/BR. Fotografias: Shutterstock.com/ID/BR

5. No dia da apresentação, um integrante de cada grupo vai recitar para a turma o poema escolhido. Quem for recitar o texto deve prestar atenção na própria expressividade e entonação, ressaltando as rimas e o ritmo do texto.

6. Em outro dia combinado com o professor, será a vez de os grupos apresentarem o conto de encantamento. Depois de um integrante contar a história, os demais colegas de grupo vão explicar o tema e informar por que escolheram esse conto.

7. Encerradas as apresentações, os grupos devem trocar entre si as informações sobre de onde foram retirados o poema e a história de encantamento escolhidos; assim, todos poderão ter acesso aos textos.

8. Ao longo do ano, vocês vão realizar essa mesma atividade, mas com gêneros textuais diferentes, como conto popular, história em quadrinhos, poema visual, entre outros.

9. Em outros momentos, o professor vai sortear um gênero textual para cada grupo. Cada integrante vai pesquisar textos do gênero sorteado a serem compartilhados com o grupo. Os integrantes escolhem juntos um texto para apresentar à turma. A seção *Sugestões de leitura*, presente no fim de cada capítulo, também pode ajudar nesse momento de seleção das obras.

10. No dia da apresentação, levem os textos para a sala de aula. Um integrante apresenta o texto escolhido pelo grupo, e o outro faz a leitura para turma. Depois, os outros dois integrantes explicam o motivo pelo qual o grupo escolheu aquele texto.

11. Ao término das apresentações, a turma deve conversar sobre a toda a dinâmica: os temas que acharam mais interessantes, de quais gêneros textuais gostaram mais, etc. Troquem entre si os textos pesquisados para que todos da turma possam fazer a leitura.

Vocabulário

Esta seção apresenta o significado de algumas palavras que você viu ao longo do capítulo. Note que, às vezes, a palavra pode assumir mais de um sentido, dependendo do contexto em que é utilizada. Leia essas palavras em voz alta para verificar a pronúncia adequada.

banqueta <ban.**que**.ta>
Espécie de banco em tamanho reduzido. Não costuma apresentar encosto e pode ser estofada.
As visitas adoram sentar na banqueta que fica ao lado da mesa na cozinha.

bisnaga <bis.**na**.ga>
1. Pão comprido e pontudo, em forma de cilindro.
   Túlio foi à padaria comprar uma bisnaga.
2. Tubo, geralmente feito de plástico, utilizado para embalar produtos pastosos.
   Muitos cremes para a pele são comercializados dentro de bisnagas ou potes coloridos.

esvoaçar <es.vo.a.**çar**>
1. Bater as asas para erguer voo.
   A borboleta esvoaçava pelo jardim.
2. Ficar agitado por causa do vento; ondular(-se).
   As cortinas da sala esvoaçavam na forte ventania.
   Por causa do vento, as folhas caídas no chão esvoaçaram no quintal de casa.

fronte <**fron**.te>
1. Parte da face anterior e superior do crânio de aves e de mamíferos, testa.
   A criança estava brincando de esconder, mas era possível ver sua fronte.
2. Parte considerada mais avançada de algo, linha de frente.
   Os enfermeiros estão no fronte da pandemia.

gracioso <gra.ci.**o**.so>
Que diverte ou faz rir, engraçado, espirituoso, que chama a atenção pela delicadeza e elegância.
A diretora da escola é uma pessoa muito graciosa.

inquieto <in.qui.**e**.to>
Que não tem sossego, que se mexe ou se agita com intensidade.
A criança ficava muito inquieta quando não estava em casa.

longínquo <lon.**gín**.quo>
Que está muito longe no espaço ou no tempo.
Maria olhava pela janela o relógio no meio da praça, que parecia estar tão longínquo.

luzir <lu.**zir**>
Emitir ou refletir luz, brilho, claridade.
As estrelas luzem no céu.

Ilustrações: Katharine Frota/ID/BR

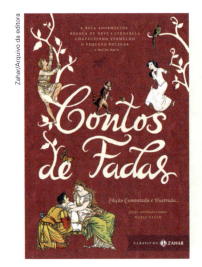

Zahar/Arquivo da editora

Contos de fadas, de Charles Perrault, Hans Christian Andersen e outros. Editora Zahar.

Esse livro apresenta as mais famosas histórias infantis nas versões originais, sem adaptação. São ao todo 26 contos de Grimm, Perrault, Andersen, entre outros. Nele há também uma extraordinária coleção de cerca de 240 pinturas e desenhos (muitos deles raros), biografias de autores e ilustradores, além de diferentes versões de contos.

Contos de Andersen, recontados por Walcyr Carrasco. Editora Moderna.

Nesse livro, Walcyr Carrasco reconta, em linguagem acessível, mas de modo fiel e cuidadoso, as histórias do dinamarquês Hans Christian Andersen. Há contos conhecidos, como "O soldadinho de chumbo", "A sereiazinha" e "O patinho feio", e também contos não tão famosos, como "A rosa de Homero".

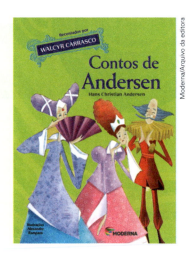

Moderna/Arquivo da editora

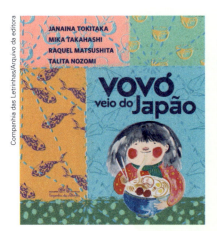

Companhia das Letrinhas/Arquivo da editora

Vovó veio do Japão, Janaina Tokitaka, Mika Takahashi, Raquel Matsushita e Talita Nozomi. Editora Companhia das Letrinhas.

No livro, há quatro vovós imigrantes que contam histórias para suas netas. Nessas histórias, há muitas brincadeiras, além de informações sobre diversos quitutes, as quais nos permitem descobrir um pouco sobre a cultura do Japão.

1 Leia o anúncio publicitário a seguir.

Novos desinfetantes Minuano com Cloro ou Oxi Poder Ativo. Agem em manchas e sujeiras difíceis e têm bicos alongados que alcançam bactérias e germes em qualquer cantinho.

- A propaganda anuncia que tipo de produto?

_____

2 Para convencer as pessoas a comprar o produto, a propaganda usa as seguintes frases:

Não acredita no poder mágico dos Minus?
As bactérias e germes acreditam.

- Na imagem, o que lembra os elementos de um mundo mágico, criando um clima de encantamento?

_____

_____

3 A propaganda faz uma descrição dos produtos. Releia este trecho, que descreve as embalagens.

> [...] têm bicos alongados que alcançam bactérias e germes em qualquer cantinho.

a. Qual substantivo foi empregado para se referir a algo que está presente nas embalagens?

_____

b. No trecho, um adjetivo indica por que os bicos alcançam bactérias e germes em qualquer cantinho. Complete a frase com esse adjetivo.

> Os bicos alcançam qualquer cantinho porque são _____.

4 A propaganda se refere ao produto como se ele tivesse um poder mágico; no entanto, trata-se apenas de química. Os adultos sabem disso. Converse com os colegas sobre isso e, depois, responda às questões.

a. Mesmo os adultos sabendo que o produto não é mágico de verdade, a descrição dele e sua relação com as personagens mágicas contribuem para convencê-los a comprar o produto? Por quê?

b. Em sua opinião, o que se costuma fazer nas propagandas para chamar a atenção das crianças?

c. Depois dessa reflexão, você vai olhar de outra maneira para o que as propagandas dizem?

5 Leia as palavras a seguir, retiradas da propaganda.

> mágico   alongados   germes

a. Em quais dessas palavras a letra **g** representa o mesmo som representado pela letra **j**?

_____

b. Em qual palavra a letra **g** representa o mesmo som que o empregado na palavra **gota**?

_____

Ilustração: Guilherme Asthma/ID/BR; Fotografia: Shutterstock.com/ID/BR

Lugares e objetos mágicos

Prepare-se para conhecer lugares e objetos mágicos em histórias emocionantes. Neste capítulo, você vai ver como a imaginação permite vivenciar situações extraordinárias, repletas de magia, criatividade, graça, e também de muito ensinamento.

Para começar, observe a cena ao lado e responda às questões abaixo.

Para começo de conversa

1 Observe a personagem, os objetos e o local da cena. Depois, descreva para os colegas o que mais chamou sua atenção nela.

2 Para você, a situação representada na cena pode revelar que tipo de acontecimento?

3 Em sua opinião, que outros elementos poderiam ser inseridos na cena para criar o acontecimento imaginado por você?

4 O que você faria se tivesse poderes mágicos? Conte para os colegas.

Saber
Ser

Navegar na leitura

A história que você vai ler a seguir pertence ao livro *Soprinho: o segredo do bosque encantado*. Ele conta a história de quatro crianças (Roberto, Luisinho, Helena e Teresinha) que atravessam uma porta mágica e vão parar em um mundo encantado graças a Soprinho, um menino feito de fumaça.

Nesse mundo encantado, as crianças conhecem Saltito, uma fada atrapalhada. Para conquistar a amizade dela, Luisinho finge ser mágico e dá a ela um boné dizendo que se trata de um boné encantado que faz voar.

Saltito conta a Luisinho que, todas as noites, a mãe das fadas as ensina a voar. Um dia, as crianças assistem escondidas à aula das fadas. Leia e descubra o que vai acontecer nessa aula.

A aula das fadas

[...]

— Vamos começar a aula, minhas filhas — disse a Fada da Fonte.

As quatro fadinhas fizeram fila, muito interessadas. A amiga de Luisinho ficou em último lugar e logo se viu para quê: era para poder **pintar o sete**. Enquanto a mãe dava explicações, ela não prestava atenção nenhuma.

Depois de explicar a lição do dia, a Fada da Fonte passou para a parte melhor da aula:

— Agora vamos subir naquela árvore e tentar o Voo Pluma — disse ela.

— Que bom! Adoro Voo Pluma! — aplaudiram as fadinhas.

[...]

O Voo Pluma era desse tipo em que não se batem as asas: fica-se boiando no ar, com as asas abertas. Uma delícia. As fadinhas fizeram tudo na perfeição. Já estavam **adiantadíssimas** em Voo Pluma.

Todas, menos Saltito. Ela levantou um voo torto para o lado, virou uma cambalhota e foi cair dentro da lagoa.

pintar o sete: fazer coisas fora do comum, fazer travessuras.
adiantadíssimo: que está muito avançado.

— Saltito caiu na lagoa! —
gritaram as irmãs.

A Fada da Fonte foi correndo pescá-la. Tinha ficado presa
numas **algas**.

alga: planta que
vive na água.

— Agora — disse a Fada da Fonte, quando já estavam todas
de novo sobre a árvore — vamos praticar o Voo Comum.

— Ora, mamãe, Voo Comum não tem graça nenhuma! — queixaram-se as
filhas. — Ensine uma novidade.

— Não, todos os dias é preciso praticar um pouco o Voo Comum. É o que
vocês vão usar mais. Vamos ver: um, dois, três!

As fadas saíram voando o Voo Comum, que é aquele em que se batem as asas,
fazendo barulhinho. Saltito, porém, voou o Voo Ladeira, que é ir subindo
sempre, para o alto, e só serve para fadas treinadíssimas, que já sabem voar há
muitos anos.

— Socorro! — gritou ela. — Estou indo embora! [...]

A Fada da Fonte, mais que depressa, voou também um Voo Ladeira e
agarrou-a lá no alto, quando já ia sumindo das vistas de todos.

— Que susto! — gritaram as irmãs, ao mesmo tempo, quando a viram de
volta. — Isso é porque você não presta atenção à aula, Saltito.

Saltito lembrou-se de Luisinho:

— E o boné? — pensou ela. — Vou pôr o boné e voar que vai ser
uma beleza.

Jogou para longe o chapeuzinho de fada e pôs o boné.

— Que é isso? — perguntaram as irmãs, muito espantadas.

— É um presente que ganhei de um mágico, meu amigo — explicou Saltito toda prosa. — Com ele, voarei muito bem.

A Fada da Fonte tornou a explicar tudo sobre Voo Pluma e foi, de novo, atirando as filhas.

Os meninos estavam com o coração batendo: que iria acontecer a Saltito?

Não aconteceu nada. Ela saiu voando bem direitinho, para quem voa Voo Pluma pela primeira vez. Fez alguns errinhos, mas sem importância. E foi aterrissar no lugar certo, sem mergulhar na lagoa.

As irmãs vieram correndo para dar os parabéns.

— Foi o boné — explicou Saltito. — Sem boné eu não voo direito.

— Não foi o boné não, Saltito — disse uma voz.

A surpresa das fadas foi enorme.

— Esse boné não faz ninguém voar e eu não sou mágico nada.

Era Luisinho que tinha saído do esconderijo. Saltito nem podia acreditar:

— Será possível que voei certo por mim mesma?

— Claro que sim. Eu só lhe dei o boné para você ver como você é capaz.

Luisinho pensava que talvez Saltito não gostasse mais dele quando soubesse que era apenas um menino. Mas aconteceu o contrário. Parece que ela gostou ainda mais.

— Sem você, eu nunca teria aprendido a voar! — disse, dando-lhe um abraço apertado.

[...]

Fernanda Lopes de Almeida. *Soprinho*: o segredo do bosque encantado. São Paulo: Ática, 2017. p. 53-56.

Texto e contexto

O texto que você acabou de ler é da escritora Fernanda Lopes de Almeida. Ela nasceu e cresceu em uma família de escritores e começou a escrever suas primeiras histórias aos 7 anos de idade.

Soprinho, publicado em 1971, foi seu primeiro livro e recebeu o prêmio Jabuti, um dos maiores prêmios de literatura do Brasil.

Durante sua carreira, Fernanda publicou diversos livros infantis, entre eles o clássico *A fada que tinha ideias*, que conta a história de Clara Luz, uma fada que gostava de criar suas próprias mágicas.

Ler para compreender

1 O título do texto é "A aula das fadas". O que as fadas aprendem nessa aula?

_____

_____

2 As quatro fadinhas se interessaram pela aula, mas uma delas queria "pintar o sete", ou seja, fazer travessuras.

a. Quais atitudes da fadinha comprovam essa afirmação?

_____

_____

b. No começo do texto, essa mesma fadinha é chamada pelo narrador de "amiga de Luisinho". Qual é o nome dela?

_____

3 Sobre o primeiro voo praticado pelas fadas, responda.

a. Qual é o nome desse voo?

_____

b. Qual das imagens abaixo representa esse voo?

Leninha Lacerda/ID/BR

c. Todas as fadas conseguiram realizar esse voo com perfeição? Explique o que aconteceu.

_____

_____

4 O segundo voo praticado pelas fadas foi o Voo Comum.

a. Saltito realizou esse voo?

_____

b. Por que ela sempre fazia um voo diferente do das demais fadas?

_____

_____

5 As fadinhas só praticavam voos que eram novidade para elas? Por quê?

_____

_____

6 Errar fazia parte da aprendizagem das fadas? Explique sua resposta.

_____

_____

_____

- Na escola, errar também faz parte de sua aprendizagem? Converse com o professor e os colegas.

Saber Ser

7 Luisinho deu algo a Saltito dizendo que se tratava de um objeto mágico. Sobre esse objeto, responda.

a. Que objeto foi esse?

_____

b. Por que Luisinho deu esse objeto a Saltito?

_____

_____

c. Esse objeto foi útil para Saltito? Por quê?

_____

_____

d. No final, confirmou-se que esse objeto era mesmo mágico?

_____

8 O que aconteceu quando Luisinho revelou a Saltito que ele era um menino, e não um mágico?

_____

Leninha Lacerda/ID/BR

9 Você leu um capítulo do livro *Soprinho: o segredo do bosque encantado*. Agora, leia o sumário desse livro para conhecer os títulos dos outros capítulos.

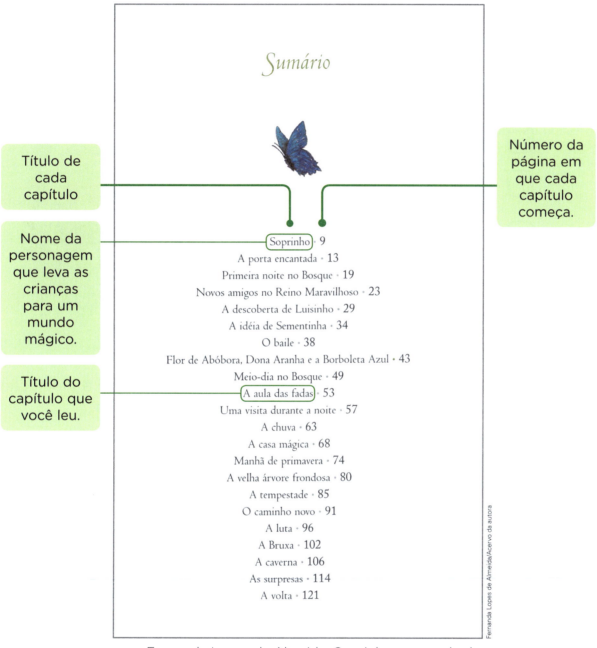

Título de cada capítulo

Nome da personagem que leva as crianças para um mundo mágico.

Título do capítulo que você leu.

Número da página em que cada capítulo começa.

Sumário

Fernanda Lopes de Almeida/Acervo da autora

Fernanda Lopes de Almeida. *Soprinho*: o segredo do bosque encantado. São Paulo: Ática, 2007.

a. Identifique no sumário o título do capítulo em que pode haver:

• uma porta que se abre para um mundo mágico;

_____

• uma batalha;

_____

- uma vilã;

_____

- o retorno das personagens ao mundo real, de onde vieram.

_____

b. Os capítulos mostrados no sumário lembram situações do conto "Os sete corvos", lido no capítulo 1. Marque com um **X** as situações que aparecem nas duas histórias lidas.

☐ Saída do lugar de origem.

☐ Contato com seres encantados e um mundo mágico.

☐ Uma série de acontecimentos fora do lugar de origem.

☐ Presença de bruxa.

☐ Presença de batalha.

☐ Retorno para casa.

Luiza Abend/ID/BR

10 Observe a quantidade de capítulos listados no sumário e a indicação da página em que cada capítulo começa. Então, responda.

a. Quantos capítulos o livro *Soprinho: o segredo do bosque encantado* tem?

_____

b. Em qual página começa o último capítulo?

_____

c. Em sua opinião, o livro apresenta uma história curta ou longa? Por quê?

_____

_____

_____

11 Com a orientação do professor, pesquise livros de contos de encantamento na biblioteca ou na sala de leitura da escola. Então, reúna-se com os colegas e escolham uma das histórias para ouvir. O professor vai fazer a contação para a turma. Depois da leitura, conversem entre si e procurem identificar, no texto lido, os elementos que costumam aparecer em histórias desse tipo.

Caminhos da língua

Uso de ss, c, ç, sc, sç

1 Leia em voz alta as palavras a seguir.

> aterri**ss**ar di**ss**e a**ss**istir profe**ss**ora trave**ss**ura

a. As letras que vêm antes de **ss** nas palavras do quadro são vogais ou consoantes?

_____

b. As letras que vêm depois de **ss** são vogais ou consoantes? Copie-as.

_____

c. Faça uma pesquisa no dicionário e converse com o professor e os colegas: Existe alguma palavra na língua portuguesa que comece com **ss**?

> Vamos recordar?
> O encontro de duas letras que representam, juntas, um único som é chamado **dígrafo**.

d. O som representado pelo dígrafo **ss** é o mesmo que o som representado pela letra **s** em qual palavra?

◻ asa   ◻ sapo

2 Leia em voz alta outras palavras.

> come**ç**ar aconte**c**er espa**ç**o a**ç**úcar **c**inema **c**ereja

a. Nessas palavras, as letras destacadas representam o mesmo som?

_____

b. Retome o dicionário e discuta com os colegas.

- Existem palavras que começam com **ç**?

_____

- Entre as palavras escritas com **ç**, existe alguma seguida das vogais **i** ou **e**?

_____

3 Em dupla, com base nas respostas para as atividades **1** e **2**, marquem com um **X** as afirmações verdadeiras.

☐ Na língua portuguesa, não existem palavras que começam com **ss** e **ç**.

☐ O **ç** pode ser seguido das vogais **a**, **e**, **i**, **o** e **u**.

☐ Diante das vogais **e** e **i**, podemos usar **c** para representar o mesmo som de **s** na palavra **sol**.

☐ O dígrafo **ss** só aparece diante das vogais **a**, **o** e **u**.

4 Leia as palavras a seguir em voz alta.

> cre**sc**er   pi**sc**ina   cre**sç**a   de**sç**o

a. Circule as vogais que vêm depois das letras destacadas.

b. Quais são as vogais que vêm depois de **sc**?

_____

c. Quais são as vogais que vêm depois de **sç**?

_____

> Assim como o grupo **ss**, os grupos **sc** e **sç** também são dígrafos. Usamos:
> - **sc** antes das vogais **e** e **i**, como em **adolescente** e **piscina**.
> - **sç** antes das vogais **a** e **o**, como em **nasçam** e **desço**.
>
> Observação: Quando o grupo **sc** antecede as vogais **a**, **o** e **u**, como em **escada**, **escola** e **escuro**, é considerado encontro consonantal, pois cada consoante representa um som.

5 Complete as palavras com os dígrafos **sc** ou **sç**.

a. adole_____ente

b. cre_____er

c. na_____er

d. cre_____o

e. na_____imento

f. pi_____ina

g. na_____a

h. de_____o

i. acré_____imo

j. rena_____imento

Desafio do ss, ç, c

Uma fada atrapalhada tocou com sua varinha mágica as palavras que estavam organizadas na nuvem. As palavras ficaram bagunçadas e algumas delas viraram desenhos.

PEÇA

APARECER

ASSOMBRO

AQUECIMENTO

ACIMA

GOSTASSE

TREINADÍSSIMAS

ALMOÇO

INTERESSADA

TRAVESSA

AÇUDE

Leninha Lacerda/ID/BR

● Ajude a fada a reorganizar as palavras. Em casa, escreva essas palavras no quadro a seguir. Escreva também o nome do que está desenhado.

Palavras com ss	Palavras com ç	Palavras com c

Caminhos da língua

Diálogo entre as personagens

1 Releia esta fala do texto "A aula das fadas" e observe o verbo em destaque.

> — Vamos começar a aula, minhas filhas — **disse** a Fada da Fonte.

- Qual dos verbos a seguir poderia substituir o verbo em destaque mantendo o mesmo sentido da frase?

☐ comeu   ☐ falou   ☐ gritou

2 Os trechos a seguir foram extraídos do livro *Soprinho: o segredo do bosque encantado*. Complete-os empregando os verbos do quadro abaixo que melhor indiquem as situações apresentadas. Leia a dica ao lado.

> **♭ Dica**
>
> Verifique se as palavras combinam com o que a personagem está falando. Somente depois disso, encaixe as palavras na frase.

recomendava   aplaudiram   gritaram   perguntou

a. — Que bom! Adoro Voo Pluma! —

_____ as fadinhas.

b. — Cuidado com a aterrissagem, hein? —

_____.

c. — Saltito caiu na lagoa! —

_____ as irmãs.

d. — Para que fingir que é mágico? —

_____ a Fada da Fonte.

3 Os verbos que você usou na atividade anterior são exemplos de verbos empregados para o narrador anunciar ou explicar a fala das personagens.

a. Esses verbos têm o mesmo sentido? _____

b. Suponha que, na atividade **2**, em vez dos verbos usados pelo narrador, aparecesse sempre o verbo **disse** ou **disseram**. A seguir, experimente ler as frases dessa maneira.

Leninha Lacerda/ID/BR

> — Que bom! Adoro Voo Pluma! — **disseram** as fadinhas.
> — Cuidado com a aterrissagem, hein? — **disse**.
> — Saltito caiu na lagoa! — **disseram** as irmãs.
> — Para que fingir que é mágico? — **disse** a Fada da Fonte.

- Usando sempre as palavras **disse** ou **disseram**, o leitor teria detalhes a respeito de como as fadas se comportavam? Dê um exemplo que comprove sua resposta.

_____

_____

4 Releia o trecho a seguir.

> Depois de explicar a lição do dia, a Fada da Fonte passou para a parte melhor da aula:
> — Agora vamos subir naquela árvore e tentar o Voo Pluma — disse ela.
> — Que bom! Adoro Voo Pluma! — aplaudiram as fadinhas.

a. Qual é o sinal de pontuação usado antes da fala de cada personagem e que também separa essa fala da voz do narrador?

_____

b. Circule esse sinal de pontuação no trecho acima.

c. Pinte o sinal de pontuação que aparece no final do trecho em destaque, em que o narrador usa o verbo **passou** para anunciar uma fala de personagem.

Quando o narrador anuncia a fala de uma personagem em um texto, usam-se os dois-pontos no final do trecho. Observe.

Narrador anunciando a fala que vem logo a seguir.

Os **dois-pontos** são usados quando o narrador anuncia que a personagem vai falar.

A fada **deu gritos** de alegria**:**
— Que beleza! Eu ainda estou aprendendo a voar com mamãe, e é tão difícil! Se arranjar um boné vai ser muito fácil!

O **travessão** aparece antes da fala da personagem ou para separar a fala da personagem da voz do narrador.

Leninha Lacerda/ID/BR

Olá, oralidade

Vídeo instrucional de truque de mágica

Assim como Luisinho, de "A aula das fadas", você já fingiu ser mágico para conquistar uma amizade? Agora, você vai aprender a fazer uma mágica. Depois, vai pesquisar outra mágica e ensiná-la aos colegas por meio de um vídeo.

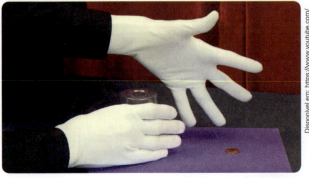

Assista ao vídeo *Moeda invisível*, do *vlog* SuperHands Mágica. Em seguida, responda às questões.

▲ Cena do vídeo *Moeda invisível*, do *vlog* SuperHands Mágica. Disponível em: https://www.youtube.com/watch?v=x2k88WYfOLk. Acesso em: 15 jun. 2021.

Disponível em: https://www.youtube.com/watch?v=x2k88WYfOLk. Acesso em: 22 mar. 2021.

1 Numere os itens a seguir de acordo com a ordem em que aparecem no vídeo.

☐ O passo a passo de como fazer a mágica é mostrado.

☐ A mágica é apresentada.

☐ Os materiais necessários para fazer a mágica são indicados.

2 Há duas pessoas que participam do vídeo.

a. Quem são elas?

b. Qual é a função de cada uma delas no vídeo?

c. Seria possível mais pessoas participarem desse vídeo? De que forma isso poderia acontecer?

3 Qual é o segredo do truque de mágica apresentado no vídeo?

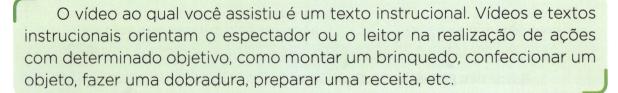

O vídeo ao qual você assistiu é um texto instrucional. Vídeos e textos instrucionais orientam o espectador ou o leitor na realização de ações com determinado objetivo, como montar um brinquedo, confeccionar um objeto, fazer uma dobradura, preparar uma receita, etc.

Orientações para a produção

1. Forme grupo com mais três integrantes.

2. Em livros, revistas ou na internet, pesquisem um texto instrucional escrito que ensine a fazer um truque de mágica.

3. Anotem no caderno os materiais necessários e o passo a passo para fazer o truque de mágica que vocês escolheram.

4. Depois, separem os materiais necessários e treinem bastante a mágica.

5. Decidam o que cada integrante do grupo vai fazer (quem será mágico, assistente, narrador, câmera, etc.).

6. Preparem o roteiro do vídeo, anotando quais serão as etapas de filmagem, quem cuidará de cada parte e quem fará a gravação.

Preparação da fala

1. Antes de filmar, ensaiem bastante.
   - Os estudantes que vão aparecer no vídeo devem falar com velocidade adequada para que o espectador consiga entendê-los.
   - Quem ficar responsável por realizar a mágica deve treinar bastante para fazer o truque corretamente.
   - Quem for responsável por filmar deve aprender a manusear o equipamento de gravação que será utilizado e se posicionar de forma a captar as melhores imagens e o melhor áudio.
   - Todo o grupo deve verificar o melhor lugar para realizar a filmagem: com boa iluminação e sem barulhos que possam atrapalhar a gravação.

2. Com o auxílio do professor, filmem e editem o vídeo. Essa gravação será exibida aos colegas da turma no dia combinado.

Ilustração: Davi Augusto/ID/BR
Fotografia: Shutterstock.com/ID/BR

Avaliação

Assistam à versão final do vídeo e avaliem o trabalho.

- As explicações foram suficientes para instruir como fazer a mágica ou faltou alguma etapa?
- As falas foram claras ou foram rápidas demais, dificultando a compreensão?
- Se você fosse gravar ou editar o vídeo novamente, há algo que poderia ser melhorado?
- Quais foram os pontos fortes dessa atividade? O que você mais gostou de fazer? Comente.

Navegar na leitura

O texto a seguir é um trecho da história *As crônicas de Nárnia*. As crianças Lúcia, Susana, Edmundo e Pedro acabaram de se mudar para a casa de um tio, escapando dos ataques de guerra que aconteciam em Londres.

Um dia, Lúcia chega correndo ao local onde estavam Susana, Edmundo e Pedro e conta que, em uma das salas da casa, há um guarda-roupa mágico, que leva a uma terra encantada chamada Nárnia. Lúcia diz que esteve em Nárnia e lá conheceu um **fauno** que carregava uma sombrinha e presentes de Natal. O fauno contou a ela que, além de estar sob o domínio de uma feiticeira, Nárnia havia sido condenada ao inverno sem que o Natal nunca chegasse...

> **fauno:** personagem da mitologia, cuja metade do corpo é humana e metade animal (bode).

- Em sua opinião, as outras crianças vão acreditar em Lúcia?

Leia o trecho da história para descobrir.

O leão, a feiticeira e o guarda-roupa

[...] Lúcia estava tão agitada que todos a acompanharam à sala. Ela correu à frente, abriu a porta do guarda-roupa e gritou:

— Vamos, entrem, vejam com os seus próprios olhos!

— Mas que pateta! — disse Susana, metendo a cabeça lá dentro e afastando os casacos. — É um guarda-roupa comum. Olhem: lá está o fundo.

Olharam todos, depois de afastarem os casacos, e viram — Lúcia também — um guarda-roupa muito comum. [...] Pedro entrou e bateu com os dedos, certificando-se da solidez da peça.

Leninha Lacerda/ID/BF

— Boa brincadeira, Lúcia — disse ao sair. — Você nos pregou uma boa peça. Quase acreditamos.

[…]

Lúcia ficou vermelha até a raiz dos cabelos. […] E assim foram correndo as coisas até que chegou um novo dia de chuva.

Naquela tarde, como o tempo continuasse ruim, resolveram brincar de esconder. Susana era *o pegador* e, mal se dispersaram para se esconder, Lúcia dirigiu-se à sala do guarda-roupa. Não queria esconder-se lá dentro […]. Mas queria pelo menos dar uma espiada, porque, naquela altura, ela própria já começava a se perguntar se Nárnia e o fauno não passavam de um sonho. A casa era tão grande e complicada, tão cheia de esconderijos, que ela pensou que teria tempo de dar uma espiada e se esconder em outro lugar. Mas, mal tinha se aproximado, ouviu passos no corredor, e não teve outro remédio: pulou para dentro do guarda-roupa e segurou a porta, pois sabia muito bem que era uma idiotice alguém fechar-se num guarda-roupa, mesmo num guarda-roupa mágico. Eram os passos de Edmundo, que entrou na sala ainda a tempo de ver Lúcia sumir dentro do móvel. Sem hesitar, resolveu entrar também – não porque o considerasse um bom esconderijo, mas porque tinha vontade de continuar a chateá-la com o seu mundo imaginário. Abriu a porta. […] Chegou a gritar: "Lúcia! Lu! Onde você está? Sei que está aí, sua boba!".

hesitar: ter dúvida, vacilar.

Mas ficou sem resposta. Notou até que a própria voz tinha um som curioso – não o som que é de esperar dentro de um armário, mas um som ao ar livre. Observou também que de repente estava sentindo frio; depois viu uma luz.

— Graças a Deus! A porta se abriu sozinha.

Esquecendo-se completamente de Lúcia, começou a andar em direção à luz, julgando ser a porta do guarda-roupa. Mas, em vez de dar na sala vazia, ficou espantado ao passar da sombra de umas árvores grossas para uma clareira no meio de um bosque. Sentia sob os pés a neve dura, e havia neve também nos ramos. O céu era azul-pálido, céu de uma bela manhã de inverno. Na frente dele, entre os troncos, o sol nascia, vermelho e brilhante. Pairava uma calma enorme, como se ele fosse o único ser vivo naquela terra desconhecida. Nem sequer um passarinho ou um esquilo por entre as árvores. [...] Edmundo tiritava de frio. Lembrou-se então de que andava à procura de Lúcia. Lembrou-se também de que a tratara mal por causa desse país imaginário, que de imaginário nada tinha.

C. S. Lewis. *As crônicas de Nárnia*. São Paulo: Martins Fontes, 2009. p. 14-16.
The Lion, the Witch and the Wardrobe by CS Lewis © CS Lewis Pte Ltd 1950.

Leninha Lacerda/ID/BR

Texto e contexto

As crônicas de Nárnia é uma série de sete livros escrita pelo inglês C. S. Lewis entre 1949 e 1954. Os nomes dos livros são: *O leão, a feiticeira e o guarda-roupa* (1950), *Príncipe Caspian* (1951), *A viagem do Peregrino da Alvorada* (1952), *O trono de prata* (1953), *O cavalo e seu menino* (1954), *O sobrinho do mago* (1955) e *A última batalha* (1956). Atualmente, é possível encontrar edições dos sete livros em volume único, com aproximadamente 750 páginas. A série, conhecida em todo o mundo, é considerada um clássico da literatura.

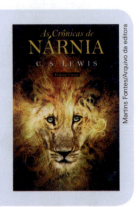
Martins Fontes/Arquivo da editora

Ler para compreender

1 No início do texto, Lúcia leva os irmãos à frente do guarda-roupa, abre as portas e pede que eles olhem lá dentro. O que ela espera que eles vejam?

_____

_____

_____

2 Qual é a reação de Susana, Pedro e Edmundo diante do guarda-roupa?

_____

_____

3 Depois de ver a reação dos irmãos, Lúcia "ficou vermelha até a raiz dos cabelos". Qual é o significado dessa expressão?

4 Outra personagem da história teve uma surpresa com o guarda-roupa.

a. Que personagem foi essa?

_____

b. Qual era a intenção dessa personagem ao entrar no guarda-roupa?

_____

_____

c. O que aconteceu com essa personagem?

_____

_____

Para explorar

As crônicas de Nárnia: o leão, a feiticeira e o guarda-roupa, dirigido por Andrew Adamson. EUA/Reino Unido, 2005 (143 min).

O filme conta a história que você leu na seção *Navegar na leitura*. Também foram adaptadas para o cinema outras obras da série: *Príncipe Caspian* (2008) e *A viagem do Peregrino da Alvorada* (2010).

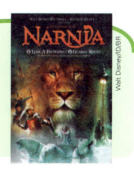

5 Releia o trecho a seguir.

> Chegou a gritar: "Lúcia! Lu! Onde você está? Sei que está aí, sua boba!".
>
> Mas ficou sem resposta. Notou até que a própria voz tinha um som curioso – não o som que é de esperar dentro de um armário, mas um som ao ar livre. Observou também que de repente estava sentindo frio; depois viu uma luz.

a. O narrador do texto explora alguns dos sentidos humanos para descrever a sensação de Edmundo ao entrar no guarda-roupa. Quais são eles?

◯ audição   ◯ gustação   ◯ tato   ◯ visão   ◯ olfato

b. Copie do trecho acima a parte que cita cada sentido.

_____

_____

_____

c. Qual é a intenção do narrador ao contar a história descrevendo as sensações de Edmundo, explorando os sentidos humanos? Explique.

_____

_____

_____

6 Com os colegas, releia o trecho a seguir em voz alta. Depois, respondam às questões.

> Sentia sob os pés a neve dura, e havia neve também nos ramos. O céu era azul-pálido, céu de uma bela manhã de inverno. Na frente dele, entre os troncos, o sol nascia, vermelho e brilhante. Pairava uma calma enorme, como se ele fosse o único ser vivo naquela terra desconhecida.

a. Há alguma palavra nesse trecho que vocês desconhecem? Se sim, qual (ou quais)?

_____

b. Nesse trecho, o narrador buscou descrever com detalhes o ambiente em que as personagens estavam. Em sua opinião, o que esse detalhamento traz à cena descrita?

7 Em casa, releia o texto em voz alta para algum familiar ou responsável. Depois, reflita: Primeiro Edmundo diz que Nárnia é um mundo imaginário, mas, em seguida, muda de ideia. Leia uma definição da palavra **imaginário**, segundo o dicionário.

> **imaginário**
> ■ adjetivo
> **1** criado pela imaginação e que só nela tem existência; que não é real; fictício.
>
> Antônio Houaiss. *Dicionário eletrônico Houaiss da língua portuguesa.*
> Rio de Janeiro: Objetiva, 2009.

a. O que faz Edmundo mudar de ideia sobre o fato de Nárnia ser um mundo imaginário?

_____

_____

b. Copie o trecho que comprova a mudança de ideia de Edmundo.

_____

_____

8 Releia o diálogo das personagens no início da história.

> — Vamos, entrem, vejam com os seus próprios olhos!
> — Mas que pateta! — disse Susana, metendo a cabeça lá dentro e afastando os casacos. — É um guarda-roupa comum. Olhem: lá está o fundo.
> Olharam todos, depois de afastarem os casacos, e viram — Lúcia também — um guarda-roupa muito comum. [...] Pedro entrou e bateu com os dedos, certificando-se da solidez da peça.
> — Boa brincadeira, Lúcia — disse ao sair. — Você nos pregou uma boa peça. Quase acreditamos.

a. A expressão "Mas que pateta!" é formal ou informal? O que o uso dessa expressão demonstra sobre a relação de Susana e Lúcia?

_____

b. Quem falou em "pregar uma peça"? O que essa expressão significa?

_____

_____

9 Você acha que histórias de personagens que vão a lugares mágicos são interessantes? Por quê? Conte aos colegas.

Diferentes significados de uma palavra

Na língua portuguesa, muitas palavras podem ter mais de um significado. Para apresentar esses significados de modo claro ao leitor, os dicionários são estruturados como no exemplo a seguir.

Entrada:
unidade que abre um verbete. Pode ser uma palavra, uma expressão, uma abreviatura, etc.

Verbete:
conjunto de informações contidas em uma entrada de dicionário.

Francisco S. Borba (Org.).
Dicionário Unesp do português contemporâneo. São Paulo: Ed. da Unesp, 2004. p. 248.

1 Em um verbete, cada um dos significados de uma palavra ou expressão é chamado **acepção**. Na frente de cada significado, há um número.

• Quantas acepções tem a palavra **casa** nesse dicionário?

2 Releia este trecho do texto "O leão, a feiticeira e o guarda-roupa".

A casa era tão grande e complicada, tão cheia de esconderijos, que ela pensou que teria tempo de dar uma espiada e se esconder em outro lugar.

- Qual sentido da palavra **casa** no dicionário mais se aproxima ao que foi empregado no trecho do conto?

_____

_____

3 Leia esta tira do Garfield.

Jim Davis. *Garfield: Foi mal...* Porto Alegre: L&PM Editores, 2014. p. 95.

a. O que Garfield quis dizer ao usar a expressão "sinta-se em casa"?

_____

_____

b. Qual é a atitude do ratinho logo após a fala de Garfield?

_____

_____

c. No último quadrinho, Garfield parece ter mudado de ideia sobre deixar o ratinho se sentir em casa. Em sua opinião, por que houve essa mudança da personagem?

_____

_____

_____

d. Quando alguém diz para "se sentir em casa", você faz exatamente o que costuma fazer em sua própria casa? Por quê?

_____

_____

_____

Dando asas à produção

Conto de encantamento

Em *As crônicas de Nárnia*, Lúcia descobre que o guarda-roupa de uma sala é uma passagem para outro mundo. Na história *Soprinho: o segredo do bosque encantado*, a fada Saltito pensa que o boné dado por Luisinho é mágico e a faz voar. Que tal criar um conto de encantamento em que uma personagem encontra um objeto mágico e vai parar em um mundo de fantasia?

O que vou produzir

Você vai escrever um conto em que exista um objeto mágico. Esse objeto pode ser algo de seu cotidiano ou ser inventado. O mundo encantado pode ser um planeta, um lugar do espaço, um reino imaginário, etc. Nesse mundo, as personagens pode conversar com reis, rainhas, animais encantados ou outros seres mágicos.

Para realizar a tarefa, você poderá inventar a história completa ou escolher, com a orientação do professor, o trecho inicial de um conto e desenvolver o restante da história dando a ela um novo final. Veja um exemplo de início de conto.

> Era uma vez uma mulher que era muito amorosa com sua filha caçula. Um dia ela lhe deu um par de lindos brincos de ouro. Feliz, a menina passou a usá-los dia e noite, tirando-os apenas para tomar banho na cachoeira.
>
> Certa tarde, a garota perdeu a hora do jantar brincando nas águas e, com medo de deixar a mãe preocupada, foi correndo para casa. Porém, qual não foi a sua tristeza quando percebeu que havia esquecido os lindos brincos sobre uma pedra. Voltou o mais rápido que podia para a cachoeira, onde encontrou…

Heloisa Prieto. *Lá vem história outra vez*: contos do folclore mundial. São Paulo: Companhia das Letrinhas, 1997. p. 48.

Orientações para a produção

1. Planeje como vai escrever o conto.
   - Pense em como vai ser sua história, qual será o objeto mágico, qual vai ser o lugar encantado e quais fatos acontecerão ao longo da narrativa.
   - Faça um rascunho do texto: descreva como é o objeto mágico e em que lugar a história se passa; qual é a principal situação-problema que as personagens terão de enfrentar; que situações de encantamento vão aparecer na história. Anote também, por exemplo, se haverá um vilão, um confronto, uma batalha; como a situação será solucionada; como a história terminará.

Leninha Lacerda/ID/BR

2. Preste atenção na maneira como vai escrever a história.

- Escreva um parágrafo para cada assunto. Use letra maiúscula no início das frases.
- Organize os diálogos entre as personagens usando: dois-pontos depois que o narrador anunciar a fala de uma delas; travessão antes de iniciar a fala de cada personagem; verbos variados quando o narrador anunciar a fala das personagens ou for complementá-las com uma explicação. Assim, o leitor saberá como as personagens agem e se sentem.
- Não se esqueça de dar um título para o conto.

Avaliação e reescrita

Depois de terminado, releia seu texto acompanhando as perguntas do quadro a seguir. Pinte **sim** ou **não** para responder a cada pergunta.

1. Em sua história há um objeto mágico?	Sim	Não
2. Alguma personagem vai a um lugar distante, encantado?	Sim	Não
3. Existe uma situação-problema?	Sim	Não
4. No final da história, a situação-problema é resolvida?	Sim	Não
5. Você usou a pontuação de diálogo adequadamente?	Sim	Não
6. Os verbos foram usados no singular e no plural, concordando com a(s) palavra(s) relacionada(s) a eles?	Sim	Não
7. Você deu um título ao conto? Esse título tem relação com a história?	Sim	Não

Retome seu texto e, se necessário, corrija-o antes de entregá-lo. Combine com o professor se você vai escrever a versão final do texto com letra manuscrita ou se vai digitá-lo no computador.

Circulação do texto

1. Assim como ocorreu no capítulo 1, todos os contos produzidos pela turma vão fazer parte de um livro de contos. Para a montagem do livro, sigam as instruções dadas na página 45.

2. O trabalho também pode ser publicado em um *blog* da turma ou da escola (se houver). Combine com o professor o modo como o texto vai circular.

Leninha Lacerda/ID/BR

Livros para todos

Nos últimos anos, muitos projetos têm levado livros a várias partes do Brasil. Há lugares onde não há biblioteca, mas quem disse que nesses lugares não há livros? Isso acontece graças à iniciativa de pessoas que se empenham para que os livros cheguem a todos. Conheça alguns desses projetos.

Michele Lamin/Acervo da fotografia

▲ Biblioteca ambulante, instalada em uma perua, visitando escolas isoladas em Blumenau, Santa Catarina. Foto de 2016.

Essa biblioteca ambulante visita escolas isoladas na cidade de Blumenau, no estado de Santa Catarina. São escolas que nem sempre têm livros à disposição dos estudantes.

Com iniciativas desse tipo, os livros, felizmente, têm chegado a pontos distantes do país.

Veja a seguir outras duas iniciativas criativas de incentivo à leitura. Observe que as pessoas inventaram nomes diferentes para os novos formatos de biblioteca.

Robson César Correia de Mendonça, que já viveu em situação de rua, hoje participa de um projeto de doação de livros à população desabrigada que vive no centro de São Paulo. O meio usado no transporte dos livros, composto de três rodas e uma caçamba, é chamado bicicloteca.

Rovena Rosa/Agência Brasil

▶ Robson em sua bicicloteca, em São Paulo (SP). Foto de 2017.

O projeto Geladeiroteca começou em 2011, na cidade de Presidente Prudente, no estado de São Paulo, com o objetivo de incentivar o gosto pela leitura. Os idealizadores do projeto customizaram uma geladeira velha, sem uso, com desenhos e muitas cores. Depois, armazenaram nela livros dos mais diversos gêneros. Desde então, já foram inauguradas várias geladeirotecas em escolas, associações e praças da cidade.

Itamar Xavier de Camargo/Acervo do fotógrafo

◀ Geladeiroteca em escola de Presidente Prudente (SP). Foto de 2015.

1 Em quais desses projetos os livros circulam em meios de transporte?

2 Qual dessas bibliotecas você achou mais interessante? Por quê?

3 Sua escola tem uma biblioteca? Você tem o hábito de pegar livros emprestados para leitura?

4 Na região onde você mora, é possível ter acesso gratuito à leitura? Em que lugares?

Lançamento de livros de contos

As leituras feitas nos capítulos 1 e 2 contribuíram para que você escrevesse dois contos de encantamento. Junto com os textos dos colegas, essas histórias fizeram parte de dois livros de contos. Além disso, você teve a oportunidade de praticar a contação e a escuta de histórias.

Agora é hora de divulgar esses trabalhos para que outras pessoas possam apreciar o que vocês produziram e se divertir com as histórias. Vocês vão organizar o lançamento dos livros de contos da turma, que será aberto a toda a comunidade escolar e também a outros convidados.

Lançamento dos livros

1. Combinem com o professor um dia e um local para o lançamento dos livros de contos: pode ser na própria escola, em uma biblioteca do bairro, em uma livraria ou até mesmo em uma papelaria da região.

2. Confeccionem convites para os pais e os amigos e distribuam pela escola alguns cartazes divulgando o evento. Providenciem um cartaz para ser colocado no local em que o lançamento acontecerá.

3. No dia do lançamento, exponham os livros de contos da turma deixando-os apoiados em posição vertical para que possam ser vistos pelos visitantes.

Contação de histórias

1. Escolham os contos que vocês vão apresentar. Pode ser, por exemplo, os contos que vocês ensaiaram na seção *Olá, oralidade* do capítulo 1. É importante que todos se prepararem para a apresentação.

2. Reservem e preparem um espaço para as apresentações da contação de histórias.

3. Em um cartaz, exponham os títulos das histórias que serão contadas, indicando também os nomes dos estudantes responsáveis e os horários de todas as apresentações.

4. Preparem o espaço, decorando com cartazes e ilustrações de contos de encantamento o local em que ocorrerá a contação de histórias.

Ilustração: Maria Gabriela Gama/ID/BR;
Fotografias: Shutterstock.com/ID/BR

Cantinho da leitura

1. Um dos espaços do evento poderá ser uma miniexposição de livros com contos de encantamento, além de outros livros de histórias.

2. Exponham esse material em um cantinho preparado para a leitura. Pode ser uma sala com carteiras em círculos, um espaço com um tapete e algumas almofadas ou uma área ao ar livre.

3. O cantinho de leitura deverá contar com a presença de um adulto responsável pelo empréstimo dos livros.

Livro de visitas

1. As pessoas poderão registrar mensagens sobre os livros lançados e sobre o evento como um todo. Para isso, providenciem um livro de visitas, que poderá ficar ao lado da exposição.

2. Após o evento, leiam algumas das mensagens do livro de visitas e escolham algumas delas para colocar em um mural que ficará exposto na escola. Caso tenham fotos do evento, afixem algumas dessas fotos no mural, acompanhando as mensagens.

Avaliação

Com o professor, avaliem o evento por meio de uma conversa entre a turma. Discutam os pontos a seguir.

- O lançamento dos livros agradou às pessoas que foram ao evento? Contem de que maneira vocês perceberam isso.

- A contação de histórias agradou ao público?

- Os grupos que se apresentaram na contação conseguiram cumprir suas responsabilidades quanto à preparação do local, à apresentação dos contos e à organização da apresentação?

- O cantinho de leitura funcionou bem?

- Há pontos que poderiam ser melhorados? Em caso afirmativo, quais?

Esta seção apresenta o significado de algumas palavras que você viu ao longo do capítulo. Note que algumas delas podem assumir mais de um sentido, dependendo do contexto em que são utilizadas. Leia essas palavras em voz alta para verificar a pronúncia adequada.

adiantado <a.di.an.**ta**.do>

Que avançou ou que se adiantou no tempo ou no espaço; que está na frente de algo ou de alguém.
Os trabalhos desta semana estão bastante adiantados se comparados aos da semana passada.

alga <**al**.ga>

Espécie de planta sem raiz e sem caule que apresenta diferentes tamanhos e formas. Vive em lugares úmidos, tanto na água salgada quanto na água doce. Algumas espécies são usadas na culinária e no preparo de medicamentos.
A praia estava cheia de algas marinhas trazidas pela maré.
A alga nori é um dos ingredientes utilizados no preparo de sushi.

assombro <as.**som**.bro>

Grande admiração ou espanto.
Jonas teve um assombro quando viu a nota que obteve na avaliação de Geografia. Ele tirou a nota máxima.

fauno <**fau**.no>

Personagem da mitologia romana que apresenta corpo humano peludo, pés e chifres de cabra. É protetor dos rebanhos e da agricultura, principalmente do trigo.
O fauno olhava calmamente o rebanho no pasto.

hesitar <he.si.**tar**>

1. Ficar indeciso, não ter certeza do que dizer ou de como agir.
   Paulo hesitou diante da mãe.
2. Expressar-se com dificuldade; gaguejar.
   Durante a exposição dos trabalhos, alguns estudantes hesitaram, mas tiveram ajuda dos colegas.

imaginário <i.ma.gi.**ná**.rio>

1. Aquilo que faz parte do campo da imaginação.
   O escritor tinha um imaginário muito rico e criativo que envolvia a todos.
2. Aquilo que existe somente no campo da imaginação, fictício, que não é real.
   A criança desenhou um bigode imaginário em seu pai enquanto brincavam.

solidez <so.li.**dez**>

1. Característica daquilo que é resistente, firme, sólido.
   Preferiu a cama de madeira por causa da solidez do material.
2. Característica daquilo que não muda, que é estável.
   A solidez da amizade impressionava a todos.

A fada que tinha ideias, de Fernanda Lopes de Almeida. Editora Ática.

Nesse livro, você vai conhecer as peripécias de uma fadinha cheia de criatividade que, em vez de seguir as lições do livro de fadas, queria criar suas próprias mágicas. O livro é da mesma autora da obra *Soprinho: o segredo do bosque encantado*.

O Mágico de Oz, de L. Frank Baum. Adaptação de Lúcia Tulchinski. Editora Scipione (Coleção Reencontro Infantil).

Quando um ciclone leva a pequena Dorothy e seu fiel cachorro Totó para um lugar desconhecido, eles acabam tendo de encarar grandes aventuras ao lado de seus novos amigos: Espantalho, Homem de Lata e Leão.

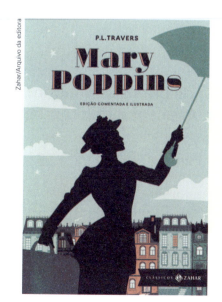

Mary Poppins, de P. L. Travers. Editora Zahar (Coleção Clássicos Zahar).

Quando a barulhenta família Banks necessita urgentemente de uma babá, Mary Poppins entra em ação com sua maleta e seu guarda-chuva mágicos, fazendo todos embarcarem em uma grande aventura.

Aprender sempre

1 Leia em voz alta a anedota a seguir.

Eca!

No restaurante, o freguês chama o garçom:

— Tem uma mosca no meu prato! _____

— É o desenho do prato, meu senhor. _____

— Mas tá se mexendo! _____

— Oh! É desenho animado! _____

Sopiada. Disponível em: http://sopiada.no.comunidades.net/piada-de-bichos.
Acesso em: 15 jun. 2021.

a. Qual é o título da anedota?

_____

b. A anedota apresenta um diálogo entre um garçom e um freguês.
  • Sublinhe as falas do garçom.
  • Circule as falas do freguês.

c. Qual é o sinal de pontuação usado para iniciar as falas das personagens?

_____

d. Qual é a função dos dois-pontos nessa anedota?

_____

_____

e. Neste capítulo, você estudou que, após a fala de uma personagem, é comum haver uma indicação de como a personagem falou ou o que ela estava sentindo quando falou. Veja um exemplo.

— Saltito caiu na lagoa! — gritaram as irmãs.

  • Agora, volte à anedota que você leu e escreva nas linhas, ao lado de cada fala da anedota, uma indicação para a fala das personagens. Você pode usar verbos como **disse**, **explicou**, etc. Não se esqueça de usar o travessão (—).

f. Leia a palavra **garçom** em voz alta. A letra **ç** representa o som de **s**, como na palavra:

☐ casa. ☐ sala.

g. Leia a definição de **desenho animado**.

> **desenho [...] animado** *Cinema* Filme feito com sucessivas imagens desenhadas ou criadas em computador, dando sensação de movimento.

Aulete de bolso: dicionário da língua portuguesa.
Porto Alegre: L&PM; Rio de Janeiro: Lexikon, 2013. p. 197.

- Explique com suas palavras: Por que o garçom disse que a mosca no prato era um desenho animado?

_____

_____

_____

2 Você se lembra da atitude de Luisinho, amigo da fada Saltito, no primeiro texto lido neste capítulo? Ele deu à fada um boné, dizendo que esse objeto era mágico, para que ela conseguisse se sair bem nas aulas de voo. O boné não era mágico. A verdadeira mágica aconteceu porque Saltito se sentiu tão confiante que acabou descobrindo que era capaz de voar bem. Nesse caso, o boné representa o incentivo e o apoio de um amigo. Essa mágica todo mundo é capaz de realizar. Que tal fazer o mesmo? Desenhe um boné, recorte-o e escreva palavras de incentivo. Depois, entregue-o a um colega de turma.

Saber Ser

Leninha Lacerda/ID/BR

3 Personagens encantadoras

Neste capítulo, você vai conhecer histórias do mundo árabe. Nelas, há diversas personagens e eventos repletos de aventuras e situações incomuns, extraordinárias e maravilhosas que encantam e divertem o leitor.

Veja a cena ao lado e observe os elementos que a compõem.

Para começo de conversa

1. O que as personagens da cena estão fazendo? Discuta com os colegas o que cada um observou.

2. Para você, que sensações a expressão facial das personagens revela diante do que elas veem?

3. Você conhece alguma história que envolva a situação mostrada na cena? Se sim, o que ela conta?

4. Que histórias sobre o mundo árabe você conhece? Conte para os colegas e ouça o que eles têm a dizer.

Saber Ser

Ilustração: Guilherme Asthma/ID/BR;
Fotografias: Shutterstock.com/ID/BR

As histórias reunidas na obra *As mil e uma noites* são contadas por Sherazade, que é narradora e também personagem do livro. Leia silenciosamente o texto a seguir e conheça uma das histórias contadas por Sherazade ao sultão Shariar.

Parte 1

Aladim e a lâmpada maravilhosa

Era uma vez, num lugar muito antigo, num tempo muito distante, um reino chamado Pérsia.

Nesse reino, vivia um menino chamado Aladim. Ele adorava passar seus dias correndo pelas ruas, brincando com as pessoas e subindo nos telhados das lojas do mercado.

Aladim morava com a sua mãe, que era viúva e não aguentava mais ouvir tantas reclamações sobre seu travesso filho.

Um dia, um mago muito poderoso, de um reino mais distante ainda que aquele, descobriu, através de suas magias e adivinhações, que Aladim se tornaria dono de um grande tesouro e somente ele poderia resgatar um poderoso gênio e sua lâmpada maravilhosa.

> resgatar: libertar.

O mago, que estava muito interessado no poder do gênio da lâmpada, resolveu ir até o reino da Pérsia, disfarçado de tio de Aladim. E assim o fez.

Chegando lá, procurou pela casa do menino e, ao encontrar sua mãe, disse:

— Ó, querida cunhada! Que bom que pude encontrar vocês! Quando soube da morte do meu irmão, vim imediatamente, para apoiá-los.

Tanto Aladim quanto sua mãe acreditaram naquelas palavras. O mago então continuou:

— Consegui um bom trabalho para Aladim, não muito distante daqui. Assim ele se manterá ocupado e não fará tantas travessuras. Vou levá-lo comigo e em breve mando notícias.

A mãe, acreditando na história do malvado mago, permitiu que Aladim o acompanhasse. Então, o mago o conduziu até uma montanha misteriosa.

Ali estava o tesouro que somente

Guilherme Franco/ID/BR

Aladim poderia pegar. O mago abriu os braços, que se tornaram gigantescos, e trovejou palavras mágicas com tamanha força que Aladim sentiu medo.

Ele viu a terra se abrir bem diante dos seus olhos. O mago continuou trovejando:

— Eis aqui o seu trabalho, meu caro rapaz! Desça até o fundo deste poço. Lá encontrará um tesouro. Tudo o que puder carregar será seu, mas traga a lâmpada dourada para mim, porque ela me pertence.

Aladim desceu até o fundo do poço. O mago gritou-lhe que lhe mandasse a lâmpada, mas Aladim, com medo desse novo tio, disse que somente o faria se ele o tirasse dali primeiro. O mago, nervoso, abriu novamente os braços e, trovejando palavras mágicas, fechou a abertura do poço. A intenção do mago era passar um susto naquele desobediente menino.

Aladim, temendo o escuro do poço, resolveu esfregar a lâmpada para ver se acendia e… VRUUUMMM!!! De dentro da lâmpada saiu um enorme gênio azul e luminoso, que disse que lhe concederia três desejos.

Aladim, ainda um pouco assustado, desejou primeiro sair daquele poço escuro e voltar para casa. E… PLAF! Num piscar de olhos, Aladim estava novamente junto de sua mãe.

Aladim explicou à sua mãe as aventuras pelas quais passou e a traição do falso tio. A mãe ficou muito assustada com toda aquela história. Como os dois estavam com fome, Aladim esfregou novamente a lâmpada e, diante dos olhos surpresos de sua mãe, fez o segundo pedido ao gênio da lâmpada maravilhosa: tornar-se rico, juntamente com sua mãe.

Assim, mãe e filho viveram contentes e ricos por muito tempo.

Nossa história poderia terminar feliz por aqui, mas não é bem assim que ocorre em todas as histórias. De vez em quando, os finais demoram a chegar…

Angélica Sátiro e Irene de Püig. *Brincar de pensar com histórias*.
São Paulo: Callis, 2000. p. 26-28.

Texto e contexto

As mil e uma noites reúne diversos contos narrados pela personagem Sherazade ao sultão Shariar, seu marido, que se encanta com as tramas contadas pela nova esposa. As histórias presentes nessa obra, que teve sua primeira versão por volta do século 5 na Pérsia, têm vários autores. Elas são narrativas da tradição oral de diversos lugares, passadas de geração a geração.

Guilherme Franco/ID/BR

Ler para compreender

1 Você já conhecia a personagem Aladim? O que você descobriu sobre essa personagem? Converse com os colegas.

2 A personagem Aladim é citada no texto como um menino **travesso**. O que isso significa?

_____

3 O que Aladim gostava de fazer no dia a dia?

_____

_____

4 De acordo com o texto, por que um mago poderoso resolveu ir à Pérsia, disfarçado de tio de Aladim?

_____

_____

_____

5 Para conseguir levar Aladim ao local onde estava a lâmpada mágica, o mago usou uma estratégia. Qual?

_____

_____

• O que você pensa a respeito da atitude do mago? Converse com os colegas.

Saber
Ser

6 Volte ao texto. Com os colegas e o professor, encontre o trecho correspondente aos itens abaixo e faça o que se pede.

a. Sublinhe o trecho que demonstra que Aladim e sua mãe confiaram no que o mago disse.

b. Pinte o trecho em que Aladim percebeu que talvez aquele homem não fosse seu tio e resolveu fazer uma proposta a ele.

7 Releia este trecho.

> Aladim, temendo o escuro do poço, resolveu esfregar a lâmpada para ver se acendia e... **VRUUUMMM!!!**

a. O que a expressão **VRUUUMMM!!!** representa nesse trecho?

_____

_____

b. No trecho, há uma interrupção. Que efeito de sentido ela gera no texto?

_____

_____

c. A presença de um gênio que sai de uma lâmpada e concede três pedidos a alguém torna o ambiente dessa história incrível, maravilhoso? Por quê?

_____

_____

8 Releia este trecho do texto, que conta como o mago reagiu quando Aladim se recusou a dar a ele a lâmpada mágica.

> O mago, nervoso, abriu novamente os braços e, trovejando palavras mágicas, fechou a abertura do poço.

Guilherme Franco/ID/BR

- O que você compreendeu da expressão "trovejando palavras mágicas"?

_____

_____

9 Releia, a seguir, o comentário do narrador ao final da história.

> Nossa história poderia terminar feliz por aqui, mas não é bem assim que ocorre em todas as histórias. De vez em quando, os finais demoram a chegar...

a. O que esse comentário do narrador indica em relação à história?

_____

b. Assinale a alternativa que expressa o sentido do comentário acima.

☐ O narrador fala consigo mesmo.

☐ O narrador fala diretamente com o leitor, aproximando-se dele.

Caminhos da língua

Palavras terminadas em -agem

1 Leia o trecho de um texto a seguir, publicado em uma revista.

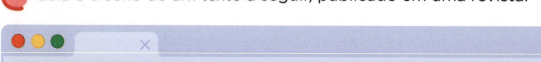

CIÊNCIA

Miragens no deserto

Um lago rodeado de palmeiras no meio do deserto. Isso é o que se chama de oásis. Ou melhor, seria um oásis, se não fosse apenas uma miragem. É sempre assim que acontece nos desenhos animados: o viajante cansado e com sede corre em direção àquele oásis tropical e somente quando está prestes a mergulhar é que o lago, junto com todas as palmeiras, desaparece.

Maria Ramos. Miragens no deserto. Fundação Oswaldo Cruz – Invivo. Disponível em: http:// www.invivo.fiocruz.br/cgi/cgilua.exe/sys/start.htm?infoid=756&sid=9#:~:text=Isso%20 ocorre%20porque%20n%C3%A3o%20vemos,Mas%20agora%20voltemos%20%C3%A0s%20 miragens!&text=O%20fen%C3%B4meno%20f%C3%ADsico%20que%20leva,ar%20quente%20 junto%20ao%20solo. Acesso em: 15 mar. 2021.

a. Você já viu cenas de filmes ou desenhos em que uma pessoa caminha pelo deserto e avista água e vegetação, mas, quando se aproxima, não encontra nada? Que palavra do texto se refere a essa situação?

_____

b. Observe a parte destacada na palavra **miragem** abaixo. Depois, leia mais duas palavras que têm a mesma terminação.

| mir**agem** | cor**agem** | mens**agem** |

Na língua portuguesa, há palavras terminadas em **-agem** que foram formadas de palavras de outras línguas. As palavras dos quadros acima, por exemplo, foram formadas de palavras da língua francesa. Em português, **miragem** e outras palavras terminadas em **-agem** são escritas com **g**.

2 Leia o verbete a seguir.

roupagem
■ *substantivo feminino*
1 representação artística de roupas ou indumentárias
2 conjunto ou quantidade de roupas; rouparia, farda-gem, vestimenta
3 Derivação: sentido figurado.
aspecto exterior, ger. discordante da realidade; apa-rência, exterioridade
Ex.: não se incomode com as falas do professor, é apenas r. para impressionar

Antônio Houaiss. *Dicionário eletrônico Houaiss da língua portuguesa*. Rio de Janeiro: Objetiva, 2009.

a. Em qual das acepções uma das explicações para a palavra **roupagem** indica grupo de coisas? Copie essa explicação abaixo.

_____

b. Como essa explicação se relaciona à fotografia ao lado do verbete?

_____

_____

> Um dos significados que o sufixo **-agem** pode indicar é um conjunto de elementos.

c. Copie da acepção **2** do verbete uma palavra com o sufixo **-agem**. De-pois, pesquise de qual termo essa palavra é formada e o que ela signi-fica. Compartilhe com os colegas e o professor o que você descobriu.

_____

_____

3 Em casa, leia as palavras a seguir. Elas foram formadas de outras palavras, com o acréscimo do sufixo **-agem**. A quais palavras esse sufixo foi acrescentado para formar cada vocábulo?

● folhagem:_____

● ferragem:_____

Navegar na leitura

Na parte **1** do conto "Aladim e a lâmpada maravilhosa", você leu que Aladim pegou a lâmpada e voltou para casa. Antes de continuar a leitura do texto, responda às perguntas a seguir.

- Em sua opinião, a história poderia ter chegado ao fim no trecho anterior?

- Você acha que o mago vai descobrir que a lâmpada está com Aladim? O que você imagina que vai acontecer?

Parte 2

Aladim e a lâmpada maravilhosa

Um dia, enquanto caminhava pelo mercado, Aladim avistou a filha do sultão e se apaixonou perdidamente por ela. Resolveu, então, pedir a princesa em casamento.

A princesa, que também se enamorara de Aladim, estava toda feliz com a possibilidade de casar-se com aquele belo jovem. Mas, nas histórias, às vezes surgem problemas…

O **vizir**, que desejava que seu filho casasse com a princesa, fez de tudo para impedir o casamento. Mas não conseguiu, porque o amor dos dois foi mais forte! Aladim, apaixonado e temeroso que o vizir continuasse com seus malvados planos de separá-los, chamou o gênio para ajudá-lo a trazer a princesa.

> **vizir:** função semelhante à de um ministro.

O gênio foi até o palácio, colocou-a num tapete mágico e fez surgir um lindo palácio de pedras preciosas e ouro. Aladim e a princesa se casaram e viveram muito felizes em seu amor apaixonado.

Mais uma vez nos encontramos com um possível final para esta história… Mas ainda não é desta vez que nossa história se acaba!

Como a notícia daquele casamento correu por todo o Oriente, o malvado mago, quando ficou sabendo, deduziu que aquilo era obra da lâmpada maravilhosa.

Guilherme Franco/ID/BR

O malvado mago, ainda querendo o gênio e a lâmpada maravilhosa que estavam nas mãos de Aladim, tramou muitos planos maldosos contra o lindo casal.

Um dia, o mago, disfarçado de vendedor, esperou Aladim sair de casa e passou na frente da janela da princesa gritando bem alto:

— Trocam-se lâmpadas velhas por lâmpadas novas!

Uma criada, que limpava o quarto do casal, pensando que aquela lâmpada em cima do criado estava muito velha, trocou-a por uma nova e brilhante.

Estando com a lâmpada nas mãos, o mago ordenou ao gênio que transportasse o palácio e todos os seus habitantes para um lugar muito distante dali. O gênio teve que obedecer, ainda que gostasse muito de Aladim, porque o dono da lâmpada sempre tinha poderes sobre ele.

Quando Aladim regressou e não encontrou nem o palácio, nem a princesa, ficou desesperado! Mas, pensou que aquilo bem que poderia ser coisa do mago malvado. Procurou uma **vidente** que morava ali perto e ela lhe deu um anel mágico que o transportou até o local onde estava seu palácio e sua amada princesa. A vidente deu-lhe também um poderoso veneno, que deveria ser tomado pelo malvado mago. Somente assim o mago seria exterminado. Aladim, escondido nos jardins do palácio, conseguiu encontrar-se com a princesa e dar a ela o vidro com o veneno.

> **vidente:** pessoa que faz adivinhações e previsões.

De noite, quando o mago veio ver a princesa, ela deu-lhe uma bebida saborosa e cheirosa que continha o veneno.

Diante da morte do mago, Aladim recuperou sua lâmpada, seu reino e sua princesa e ordenou ao gênio que levasse de volta o seu palácio ao lugar de origem.

O sultão e seus súditos ficaram muito contentes com a volta do palácio e da princesa e organizaram uma bela festa. E todos puderam viver felizes naquele reino de tapetes mágicos e lâmpadas maravilhosas...

Angélica Sátiro e Irene de Püig. *Brincar de pensar com histórias*. São Paulo: Callis, 2000. p. 29-31.

Ler para compreender

1 Volte às questões do início do texto. O que você imaginou que aconteceria na história se confirmou? Por quê?

2 Algum tempo depois de Aladim ter sido salvo pelo gênio da lâmpada, que fato novo e importante aconteceu na vida dele?

_____

3 Esse fato novo incomodou o vizir, que queria que a princesa se casasse com o filho dele. Como o gênio ajudou Aladim a sair desse conflito?

_____

_____

4 No conto, o mago tentou obter a lâmpada mágica mais de uma vez.

a. Na primeira parte da história, ele fingiu ser o tio de Aladim. Na segunda parte, que disfarce ele arrumou para não ser identificado?

_____

b. Copie a frase dita pelo mago, quando estava em frente à casa do casal, para tentar conseguir a lâmpada que estava lá.

_____

c. Como o mago conseguiu o que pretendia?

_____

_____

5 Observe as ilustrações e leia as informações abaixo de cada uma.

1 O primeiro conflito vivido por Aladim nessa segunda parte do texto.

2 O segundo conflito vivido por Aladim nessa segunda parte do texto.

3 A comemoração do reencontro de Aladim com a princesa.

Guilherme Franco/ID/BR

a. Retome o texto e converse com seus colegas: Quais conflitos são representados nas cenas **1** e **2**?

b. O primeiro conflito da segunda parte do texto é resolvido com a ajuda do gênio da lâmpada. Qual foi a solução para o segundo conflito vivido por Aladim?

_____

_____

_____

6 Releia estes trechos do conto.

Trecho 1

[...] o mago ordenou ao gênio que transportasse o palácio e todos os seus habitantes para um lugar muito distante dali. O gênio teve que obedecer, ainda que gostasse muito de Aladim, porque o dono da lâmpada sempre tinha poderes sobre ele.

Trecho 2

Quando Aladim regressou e não encontrou nem o palácio, nem a princesa, ficou desesperado! Mas, pensou que aquilo bem que poderia ser coisa do mago malvado. Procurou uma vidente que morava ali perto e ela lhe deu um anel mágico que o transportou até o local onde estava seu palácio e sua amada princesa.

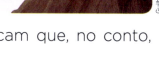

Guilherme Franco/ID/BR

a. Que acontecimentos narrados no trecho **1** indicam que, no conto, coisas mágicas e extraordinárias acontecem?

_____

_____

_____

b. No trecho **2**, qual objeto tem poder mágico?

_____

7 Alguns contos têm mais de uma versão. Você conhece outra versão de "Aladim e a lâmpada maravilhosa"? Converse com os colegas. Vocês também podem pesquisar outras versões da história com o auxílio do professor.

Caminhos da língua

Parágrafo

1 Releia, no quadro, trechos de "Aladim e a lâmpada maravilhosa".

Apresentação e localização do lugar e do tempo em que se passa a história.	Era uma vez, num lugar muito antigo, num tempo muito distante, um reino chamado Pérsia.
Apresentação de Aladim.	Nesse reino, vivia um menino chamado Aladim. Ele adorava passar seus dias correndo pelas ruas, brincando com as pessoas e subindo nos telhados das lojas do mercado.
Apresentação da situação vivida pela mãe de Aladim.	Aladim morava com a sua mãe, que era viúva e não aguentava mais ouvir tantas reclamações sobre seu travesso filho.

Guilherme Franco/ID/BR

a. Que informações a primeira coluna do quadro apresenta?

_____

> Ao escrever textos, costumamos organizá-los em partes conhecidas como **parágrafos**. Para isso, deixamos um espaço em branco no início da primeira linha de cada parágrafo, pouco depois da margem esquerda.

b. As informações presentes em cada parágrafo são as mesmas?

_____

c. Que característica marca o início de cada parágrafo?

_____

d. Por que o uso do ponto-final em cada parágrafo é importante?

> O parágrafo, com o emprego do ponto-final, organiza o texto visualmente e marca a sequência de ideias apresentadas ao leitor.

2 Forme dupla com um colega. Recortem, organizem e colem aqui os trechos localizados na página 303. Em seguida, escrevam, na linha abaixo, a sequência correta dos parágrafos, indicando as letras correspondentes na ordem em que devem aparecer.

Ali Babá

Site Britannica Escola. Disponível em: http://escola.britannica.com.br/article/483048/Ali-Baba. Acesso em: 16 mar. 2021.

• Confira as respostas com o professor.

Dando asas à produção

Resumo

Você vai resumir um texto que aborda as exposições universais.

O que vou produzir

Sob a orientação do professor, você vai produzir um resumo.

Orientações para a produção

1. Leia o texto "Exposições universais".

Ciência Hoje/Arquivo da editora

Exposições universais

~ O mundo em ~ uma só cidade!

AS ESCOLAS PODEM SER DIFERENTES, MAS PRATICAMENTE TODAS ELAS ORGANIZAM FEIRAS DE CIÊNCIAS, DE ARTES OU ALGUM OUTRO TIPO DE EVENTO PARA REUNIR OS TRABALHOS DOS ALUNOS. VOCÊ JÁ DEVE TER PREPARADO UM TRABALHO PARA APRESENTAR EM SALA DE AULA OU EM ALGUMA MOSTRA DESSE TIPO, NÃO? AGORA, IMAGINE SE, EM VEZ DE ESTUDANTES, FOSSEM OS PAÍSES DO MUNDO A SE REUNIR PARA APRESENTAR SEUS COSTUMES, AVANÇOS TECNOLÓGICOS E PRODUTOS? PENSE NO TAMANHO DESSAS FEIRAS... POIS ELAS EXISTEM E SÃO CHAMADAS EXPOSIÇÕES UNIVERSAIS. HÁ SÉCULOS ELAS ANUNCIAM GRANDES NOVIDADES, COMO A INVENÇÃO DO TELEFONE E A INAUGURAÇÃO DA FAMOSA TORRE EIFFEL.

> **Resuma este trecho considerando que o leitor não vai precisar saber sobre as novas edições das exposições.**

> **Resuma este trecho considerando que o leitor deve saber apenas como eram as grandes exposições no século 19.**

A primeira Exposição Universal aconteceu em Londres, na Inglaterra, em 1851, e novas edições foram realizadas em outros países da Europa, nos Estados Unidos e também na Austrália, no Japão, no Canadá, no Haiti... E no Brasil? Também!

No século 19, quando surgiu a ideia dessas grandes feiras, os países participantes queriam mostrar ao mundo seus avanços. Então, as Exposições Universais eram grandes eventos de divulgação da ciência e das tecnologias, mas, também, da arte e da cultura – e até da natureza!

Embora tivessem como objetivo principal incentivar o desenvolvimento industrial das nações participantes,

as exposições abrigaram encontros científicos e demonstrações de novas invenções. Um exemplo foi o telefone de Graham Bell, apresentado na exposição de 1876, na Filadélfia, Estados Unidos. Telégrafo, esteiras rolantes, cineorama (um avô do cinema) e diversas outras máquinas que facilitavam o trabalho industrial e doméstico, além de possibilitar o lazer, estrearam da mesma forma.

Grandes monumentos também foram inaugurados nesses eventos. O caso mais famoso talvez seja o da Torre Eiffel, em Paris, França, aberta ao público em 1889. Ela ganhou um charme especial com iluminação possibilitada pela eletricidade, outra novidade na época.

> **Resuma o terceiro parágrafo considerando que o leitor deve conhecer alguns inventos sem a indicação do ano da exposição e o lugar onde foram expostos. Inicie a frase com: "Naquela época, as exposições abrigavam encontros científicos e demonstrações de novas invenções, como: ★★★".**

> **Considere que seu resumo deve falar apenas das invenções e não dos monumentos inaugurados. Você incluiria em seu resumo as informações do último parágrafo?**

Revista *Ciência Hoje das Crianças*, Rio de Janeiro, ano 27, n. 258, jul. 2014.

2. Para fazer um resumo do texto que você acabou de ler, identifique as ideias principais dele e as informações que podem ser dispensadas. Para isso, leia as dicas nos quadros junto ao texto.

3. No caderno ou em uma folha avulsa, faça um rascunho. Você pode organizar o texto em parágrafos ou em tópicos.

4. Observe ao lado um exemplo de texto organizado em tópicos. As informações apresentadas apareceram na página de uma revista de divulgação científica para crianças e são sobre o peixe-serra. Cada tópico conta algo diferente sobre o animal.

> Observe que o texto do boxe está organizado em quatro tópicos.

- Seu resumo deve conter as ideias selecionadas e dispensar as informações que não servem para o objetivo proposto. Lembre-se do assunto do texto: exposições universais.

Avaliação e reescrita

Ao terminar o rascunho do resumo, verifique:

1. Faltou alguma informação em seu texto? Há informações desnecessárias?	Sim	Não
2. O resumo foi organizado em parágrafos?	Sim	Não
3. As ideias estão ligadas de modo que deem sentido ao texto?	Sim	Não
4. As frases foram pontuadas adequadamente?	Sim	Não

Depois, mostre o rascunho ao professor. Se houver alguma informação a ser modificada, faça as alterações necessárias e passe o texto a limpo.

Circulação do texto

- Digite o resumo e acrescente a ele uma imagem relacionada ao texto. Cópias dele podem ser distribuídas aos visitantes da mostra que será realizada no fim do capítulo.

Histórias de peixe

▶ Dizem que, em algumas aldeias da Austrália, onde vivem os aborígenes, as "serras" desses peixes eram usadas como pente de cabelo.

▶ No Brasil, há registros arqueológicos de civilizações indígenas que consumiam a carne do peixe-serra e utilizavam seus dentes em rituais de sepultamento.

▶ Pescadores do Norte e Nordeste do Brasil costumavam torrar os dentes do peixe-serra para fazer chá e tratar doenças como a asma.

▶ Hoje as serras desse peixe são vendidas como objetos exóticos e chegam a custar dois mil dólares em alguns países.

Revista *Ciência Hoje das Crianças*, Rio de Janeiro, ano 27, n. 263, dez. 2014.

Ciência Hoje/Arquivo da editora

Caminhos da língua

Substantivo próprio e substantivo comum

1 Leia algumas palavras que se referem ao texto "Aladim e a lâmpada maravilhosa", organizadas em três grupos.

Grupo 1	Grupo 2	Grupo 3
reino, lugar	menino, garoto	história, conto

a. O nome **Aladim** pode ser usado para se referir aos substantivos que estão em qual grupo? _____

b. O nome **Pérsia** pode ser usado para se referir aos substantivos que estão em qual grupo? _____

c. O título "Aladim e a lâmpada maravilhosa" pode nomear substantivos que estão em qual grupo? _____

A palavra **menino** pode ser usada para nomear qualquer menino. É um **substantivo comum**.
Já a palavra **Aladim** dá nome a um menino específico e o identifica entre outros meninos. É um **substantivo próprio**.
Os substantivos comuns são grafados com **letra inicial minúscula**.
Os substantivos próprios são grafados com **letra inicial maiúscula**.

d. As palavras dos grupos **1**, **2** e **3** são substantivos próprios ou substantivos comuns?

_____

e. O conto de Aladim não revela o nome da princesa, do mago, do sultão, do vizir e da mãe de Aladim. Se você fosse nomear essas personagens, deveria usar letra inicial maiúscula ou minúscula? Por quê?

_____

_____

f. Escreva outro título para o conto "Aladim e a lâmpada maravilhosa".

_____

Leia a notícia publicada em uma página da internet destinada à divulgação de programações culturais e, em seguida, responda às perguntas.

Diversão em Cena apresenta musical *Aladim* com teatro e magia

No domingo (30/08), o Diversão em Cena apresenta musical *Aladim* e encerra a programação de entretenimento *on-line* do mês de agosto. [...] A peça narra a história do menino Aladim, que, ao descobrir um gênio poderoso dentro de uma lâmpada, planeja conquistar o coração de uma princesa.

▲ Cena do musical *Aladim* durante apresentação virtual, em 2020. Belo Horizonte (MG).

© Guto Muniz (Foco in Cena)

adaptação: ajuste de uma obra literária para outro meio de comunicação, como teatro, cinema ou televisão.
figurino: roupas e acessórios usados por atores ao representarem as personagens.

A **adaptação** foi montada a partir de um dos contos mais famosos da coletânea árabe "As mil e uma noites". A música ao vivo e os **figurinos** dos personagens são ingredientes que prometem agradar à plateia. O espetáculo promove o diálogo entre o teatro, a música e os grandes clássicos da literatura que habitam o imaginário de adultos e crianças.
[...]

Camila Zanellatto. *Passeios Kids*, 24 ago. 2020. Disponível em: https://passeioskids.com/diversao-em-cena-apresenta-musical-aladim-passeios-kids/. Acesso em: 15 mar. 2021.

a. Com que finalidade esse texto foi escrito?

_____

b. O espetáculo apresenta uma relação entre o teatro, a música e a literatura. Qual obra literária é citada no texto?

_____

c. Que substantivo nomeia a peça teatral e também dá nome a uma de suas personagens?

_____

d. Volte ao texto. Depois, identifique e sublinhe o substantivo comum utilizado na última frase para fazer referência à apresentação artística que reúne os aspectos teatrais, musicais e literários.

e. Se você criasse uma peça teatral em que uma das personagens fosse um gênio, que substantivo próprio usaria para nomeá-lo?

_____

3 Releia o trecho a seguir.

> No domingo (30/08), o Diversão em Cena apresenta musical _Aladim_ e encerra a programação de entretenimento _on-line_ do mês de agosto.

a. Diversão em Cena é um programa brasileiro de formação de público para o teatro infantil. O projeto leva espetáculos teatrais, de forma virtual e presencial, às capitais e a áreas de fora dos centros urbanos, inclusive zonas rurais. Em sua opinião, iniciativas como essa são importantes? Por quê?

b. No texto, os substantivos comuns **diversão** e **cena** foram usados com letras iniciais maiúsculas. Por quê?

_____

_____

4 Considerando a hipótese de que você montará uma escola de teatro e terá de nomeá-la usando seu nome e sobrenome, além dos substantivos **escola** e **teatro**, como ela se chamará?

_____

_____

5 Imagine que o texto a seguir é parte de uma notícia sobre a apresentação de uma peça criada por você. Leia-a e preencha os espaços com as informações que faltam. Para isso, considere as respostas dadas às atividades **2** e **4**.

No domingo _____, a _____ _____ apresenta a peça _____, e encerra a programação do mês de _____. O espetáculo narra a história de _____, que receberá a ajuda de um _____ para realizar três desejos.

Jogos e brincadeiras

Letras voadoras

Preencha os quadros abaixo de acordo com o que se pede em cada um deles. Para isso, use as palavras que estão nos tapetes mágicos. No último quadro, escreva uma palavra que substitua o símbolo ★.

Dois substantivos próprios.	Quatro substantivos comuns.	Um substantivo comum: algo muito valioso.
Um substantivo comum: aquele que realiza os pedidos de quem encontra a lâmpada mágica.	O nome do lugar onde Aladim vivia.	O nome da personagem que completa o título do conto. ★ *e os quarenta ladrões.*

SULTÃO

PALÁCIO

PÉRSIA

ALI BABÁ

GÊNIO

TESOURO

Guilherme Franco/ID/BR

Caminhos da língua

Acento agudo, acento circunflexo e acentuação das paroxítonas

1 Observe os pares de palavras abaixo e leia em voz alta as palavras que saíram de cada lâmpada.

época
prêmio

história
ônibus

câmera
máquinas

Guilherme Franco/ID/BR

a. Na primeira lâmpada, você pronunciou o som representado pela vogal **e** da mesma maneira nas duas palavras? Explique.

_____

_____

_____

b. Na segunda lâmpada, você pronunciou o som representado pela vogal **o** da mesma maneira nas duas palavras? Explique.

_____

c. E nas palavras da terceira lâmpada, a vogal **a** foi pronunciada da mesma maneira? Explique.

_____

d. Nessas palavras, aparecem alguns sinais sobre as vogais para indicar que elas são pronunciadas de um jeito especial. Quais são esses sinais?

_____

> O sinal que aparece nas palavras **máquinas**, **época**, **história** é chamado **acento agudo** (´). O acento que aparece nas palavras **câmera**, **prêmio**, **ônibus** é chamado **circunflexo** (^).
>
> Esses dois acentos indicam o modo como devemos pronunciar as vogais nas sílabas acentuadas.

2 Leia estas palavras, separe as sílabas delas e pinte a sílaba tônica.

a. gênio _____

b. genial _____

c. mágica _____

d. magia _____

Guilherme Franco/ID/BR

● Observando as palavras acima, é possível dizer que todas as sílabas tônicas têm acento? Por quê?

_____

_____

3 Separe as sílabas das palavras a seguir e pinte a sílaba tônica.

amável	dócil	açúcar	caráter
_____	_____	_____	_____

órgão	órfãos	júri	oásis
_____	_____	_____	_____

a. Essas palavras são oxítonas, paroxítonas ou proparoxítonas?

_____

b. Agora, copie essas palavras nos grupos adequados.

Palavras terminadas com r	Palavras terminadas com ℓ	Palavras terminadas com ão ou ãos	Palavras terminadas com i ou is

c. Agora, leia a informação abaixo e complete-a com o que você descobriu a respeito da acentuação das palavras.

Acentuam-se as paroxítonas terminadas em _____ .

Dando asas à produção

Resumo escolar

Chegou a vez de você e os colegas pesquisarem um pouco mais sobre a cultura árabe para se preparar para a mostra cultural proposta na seção *Vamos compartilhar!* do capítulo 4.

Como vocês conheceram um pouco do universo dos contos árabes, agora farão uma pesquisa para compartilhar com os visitantes da mostra cultural um pouco mais sobre a cultura desse povo.

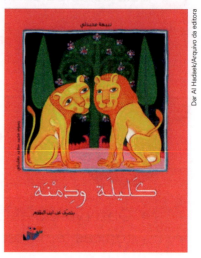

▲ Livro de literatura infantojuvenil em árabe.

O que vou produzir

Você vai escrever um resumo com informações pesquisadas sobre um dos assuntos que farão parte da mostra. Esse resumo deve ser um texto um pouco mais curto que o da seção *Dando asas à produção* da página 104. Observe a lista de assuntos possíveis para a pesquisa.

- Localização geográfica dos países árabes.
- Literatura árabe, alfabeto árabe e palavras da língua portuguesa de origem árabe.
- Culinária árabe.
- Costumes e brincadeiras das crianças árabes.

Seu resumo servirá de base para a exposição oral.

Orientações para a produção

1. Faça uma pesquisa em enciclopédias, jornais e revistas impressas ou eletrônicas e selecione textos interessantes sobre o assunto escolhido.

2. Para selecionar os materiais, você pode pedir ajuda a um funcionário da biblioteca ou orientar-se com o professor.

3. Colete algumas imagens relacionadas ao assunto de sua pesquisa. Essas imagens poderão ser usadas para ilustrar seu resumo e seu estande na mostra sobre a cultura árabe. Não se esqueça de colar as imagens que vão ilustrar o estande em uma folha de papel grande e de escrever legendas para elas.

4. Escreva um rascunho do resumo com base em seu material de pesquisa. Para isso, anote apenas as informações que achar mais importantes sobre o assunto que escolheu.

5. Na hora de escrever o texto, considere apenas as informações que tiverem relação com o objetivo de sua pesquisa e elimine as que estiverem repetidas ou com linguagem muito difícil.

6. Seu texto não poderá ser muito extenso: resuma o conteúdo pesquisado em três ou quatro parágrafos.

7. Apesar de ser um texto breve, é importante que o resumo contenha informações suficientes sobre o assunto pesquisado.

8. Dê um título ao texto. Ele deve identificar o assunto pesquisado.

9. Na hora de planejar a escrita do texto definitivo, combine com o professor se o texto vai ser manuscrito ou digitado.

Avaliação e reescrita

Antes de escrever a versão final do resumo, releia seu texto e avalie-o, pintando **sim** ou **não** para responder às perguntas abaixo.

1.	As informações foram suficientes para o assunto selecionado?	Sim	Não
2.	Você selecionou informações interessantes para o leitor?	Sim	Não
3.	Fez um texto breve, de três ou quatro parágrafos curtos?	Sim	Não
4.	O título ficou adequado e em destaque?	Sim	Não
5.	As ideias do texto estão ligadas umas às outras?	Sim	Não
6.	Usou sinais de pontuação no final das frases?	Sim	Não
7.	Você ficou em dúvida quanto à grafia de alguma palavra? Em caso afirmativo, consultou um dicionário?	Sim	Não

Mostre o texto ao professor e faça as alterações necessárias.

Passe o texto a limpo, escrevendo-o ou digitando-o.

Circulação do texto

1. Lembre-se de que você produziu o resumo para apresentar na "Mostra cultural sobre a África e o mundo árabe", sugerida na seção *Vamos compartilhar!* do capítulo 4.

2. Prepare-se para a exposição oral, organizando sua fala segundo as orientações apresentadas na seção *Olá, oralidade* a seguir.

Guilherme Franco/ID/BR

Olá, oralidade

Exposição oral

Na seção anterior, você fez uma pesquisa e uma produção de texto para apresentar na "Mostra cultural sobre a África e o mundo árabe", proposta na seção *Vamos compartilhar!* do capítulo 4.

Agora que as informações já estão organizadas em um resumo, é hora de se preparar para apresentá-las oralmente.

Orientações para a produção

1. Combine com o professor e os colegas quanto tempo cada estudante terá para falar. Como a mostra terá assuntos diferentes, é interessante criar um estande para cada assunto. Verifique em qual estande você vai ficar; isso vai depender do assunto que escolheu.

2. Verifique quanto tempo você tem para falar na exposição. Lembre-se de que você anotou no resumo as informações que vai expor. Se for necessário, acrescente mais informações para enriquecer a pesquisa; considere, para isso, o tempo que terá para falar.

3. Para a exposição oral, organize as informações em tópicos.

Ilustração: Davi Augusto/ID/BR
Fotografia: Shutterstock.com/ID/BR

4. No estande, cada um vai falar, na ordem combinada anteriormente, sobre a pesquisa que fez.

5. Exponha as imagens e as respectivas legendas que você preparou na seção *Dando asas à produção* da página 112. Além do resumo, essas imagens e legendas servirão de apoio para sua apresentação.

Preparação da fala

1. Prepare-se para falar em público ensaiando sua fala sobre o assunto que pesquisou. Apresente-se usando tom de voz, postura e gestos adequados ao momento.

   - Escolha o tom de voz de acordo com a distância que você estiver do interlocutor, isto é, de quem estiver ouvindo você.
   - Posicione-se de acordo com os itens que você vai mostrar enquanto fala: objetos, fotos, ilustrações, mapas, livros, pratos típicos, etc.
   - Aponte para as imagens enquanto fala. Movimente-se para falar com o visitante, esclarecendo as dúvidas que ele possa ter.

2. É importante que você consiga memorizar algumas das informações para que você não precise ler seu resumo na hora da apresentação. Mantenha-o próximo de você para consultar itens na hora de expor os conteúdos da pesquisa.

3. Faça alguns ensaios até se sentir seguro da preparação de sua fala.

4. Procure não interromper a fala dos colegas, a menos que seja para fazer um comentário que relacione seu conteúdo ao dele. Nesse caso, combinem antes para que ele saiba que você vai dar contribuições à fala.

Ilustração: Davi Augusto/ID/BR
Fotografia: Shutterstock.com/ID/BR

Avaliação

Depois das apresentações, converse com os colegas e o professor sobre as questões a seguir.

- O conteúdo pesquisado foi suficiente para o tempo determinado para a apresentação?
- A fala foi adequada ao tom de voz, à postura e aos gestos?
- As imagens e as legendas ajudaram a complementar sua exposição e a exposição dos colegas?
- O resumo precisou ser consultado no momento de ensaiar e na hora da exposição?
- O que você e o grupo de colegas do estande podem melhorar em uma próxima exposição oral?
- Como você se sentiu falando em público na exposição?
- O que você aprendeu com as apresentações dos colegas?

Vocabulário

Esta seção apresenta o significado de algumas palavras que você viu ao longo do capítulo. Note que, às vezes, a palavra pode assumir mais de um sentido, dependendo do contexto em que é utilizada. Leia essas palavras em voz alta para verificar a pronúncia adequada.

adaptação <a.dap.ta.**ção**>

1. Ação ou efeito de se adequar a uma situação, mesmo enfrentando adversidades e/ou complicações durante o percurso realizado.
   Meus pais tiveram uma adaptação muito rápida quando se mudaram para o interior.
2. Ajuste, adequação, de uma obra literária para outro meio de comunicação, como o teatro, o cinema, a televisão, etc.
   Aquele filme é uma adaptação de um livro muito conhecido.

espetáculo <es.pe.**tá**.cu.lo>

1. Representação teatral, cinematográfica, circense, etc; apresentação destinada a um público.
   Os estudantes se mostraram muito criativos ao produzir esse espetáculo na escola.
2. Que se caracteriza por ser muito bom, bonito, eficiente.
   O desfile das escolas de samba foi um espetáculo.

figurino <fi.gu.**ri**.no>

Desenho ou modelo de roupa, geralmente criado para uma determinada apresentação.
O figurino daquela personagem diz muito sobre quem ela é.

Ilustrações: Katharine Frota/ID/BR

lâmpada <**lâm**.pa.da>

Objeto de formato variado usado para iluminar.
A lâmpada do meu quarto queimou ontem.
Em locais sem energia elétrica, as lâmpadas à óleo são uma alternativa; elas iluminam o local por meio de fogo.

resgatar <res.ga.**tar**>

Conseguir (algo) de volta, tornar a ter, recuperar.
O menino resgatou um cachorro da rua.

vidente <vi.**den**.te>

1. Que consegue ver o passado, prever o futuro ou visualizar cenas que não presenciou.
   Aquele moço é vidente, pois previu direitinho o que ia acontecer com sua família.
2. Aquele que profetiza, adivinha e faz previsões; pessoa que costuma ser intuitiva.
   Meus avós foram a um vidente antes de decidirem se casar.

vizir <vi.**zir**>

Título dado a pessoas da monarquia, responsáveis pela administração política e militar de regiões árabes.
O vizir era saudado por onde passava.

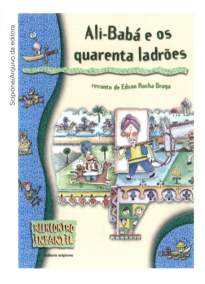

Ali-Babá e os quarenta ladrões, adaptação de **Edson Rocha Braga. Editora Scipione.**

As personagens como Ali-Babá e os irmãos Cassim fazem parte de mais uma história que se passa na Pérsia. Esse livro conta as aventuras de Ali-Babá, um rapaz pobre que, certo dia, encontra um tesouro roubado por quarenta ladrões. Conta também a história de Cassim, que fica rico depois de receber a herança do sogro. Coragem, aventura, ganância e valentia estão presentes nesse livro.

ABC do mundo árabe, de **Paulo Daniel Farah. Edições SM.**

Os árabes marcaram presença na Europa, na Ásia e na África. Milhares de palavras portuguesas e espanholas são de origem árabe, e o mundo todo herdou dessa cultura conhecimentos de aritmética, arquitetura, agricultura, medicina, astronomia, filosofia e literatura. Uma boa maneira de começar a desvendar esse imenso acervo de belezas e saberes é lendo esse *ABC*, que traz informações sobre costumes, nomes, lugares e personagens árabes.

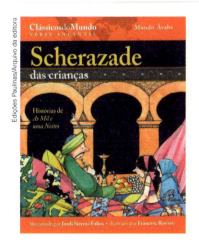

Scherazade das crianças, recontado por **Jordi Sierra i Fabra. Edições Paulinas (Série Infantil Clássicos do Mundo).**

Nesse livro, as histórias da obra *As mil e uma noites* são recontadas e acompanhadas de belas ilustrações. Nelas estão presentes os estilos de vida, costumes, valores, crenças, visão de mundo e culturas do chamado mundo árabe. Conhecer essas histórias é uma forma de descobrir a grandeza dessa civilização e as influências que tiveram sobre as outras, contribuindo, assim, para o desenvolvimento da humanidade.

Aprender sempre

1 Leia as capas de livro ao lado.

a. Em qual capa há uma palavra que muda o sentido do título original da história? Marque um **X** e circule essa palavra.

b. Por que essa palavra não é adequada para formar o título desse livro?

_____

_____

_____

2 Leia o texto abaixo e complete-o escrevendo nas linhas **e** ou **é**.

Prepare o coração: a viagem que começa agora vai te levar às alturas num meio de transporte nada comum – o tapete mágico! E olha que isso _____ só o começo. Durante as mil _____ uma noites que temos pela frente, veremos rainhas _____ sultões, gênios _____ monstros, lutas _____ intrigas, tudo em clima de muita magia, beleza _____ mistério! Ainda vamos encontrar velhos amigos, como Aladim, Ali Babá _____ até os quarenta ladrões! Ficou curioso?

Então _____ hora de conhecer *As mil* _____ *uma noites*, livro que reúne as histórias mais deslumbrantes do mundo árabe.

Julia Dias Carneiro. Sherazade e as mil e uma noites. *Ciência Hoje das Crianças*, 11 nov. 2001. Disponível em: http://chc.org.br/sherazade-e-as-mil-e-uma-noites/. Acesso em: 16 mar. 2021.

3 Complete com **g** ou **j** as lacunas das palavras a seguir.

baga_____em – persona_____em – su_____em – raste_____em

pluma_____em – filma_____em – folha_____em – camarada_____em

• Agora, circule as palavras terminadas com o sufixo **-agem**.

4 O trecho a seguir aborda a invenção do tapete. Leia-o.

Tapete

Quando teriam sido tecidos os primeiros tapetes? Na Mesopotâmia, no Egito, na China? Impossível saber. O que se sabe é que a técnica foi descoberta mais ou menos à mesma época por vários povos, independentemente uns dos outros. O mais antigo tapete que chegou aos nossos dias tem por volta de 25 séculos. Em um vale das montanhas Altai, situado próximo à Mongólia, foram descobertos cinco túmulos em 1929. Uma missão *etnográfica* soviética começou as escavações imediatamente. Vinte anos depois, na última tumba, a missão encontrou um tapete que fora protegido por uma grossa camada de gelo. O "tapete de Pasyryk" mede 182 × 200 centímetros [...].

Print Collector/Getty Images

etnográfico: relativo a etnias.

Marcelo Duarte. *O guia dos curiosos*: invenções. São Paulo: Panda Books, 2007. p. 83.

a. Segundo o texto, é possível descobrir o lugar exato onde foram tecidos os primeiros tapetes? O que se sabe sobre essa descoberta?

_____

_____

b. Encontre no texto uma palavra paroxítona terminada em **ℓ**. Anote essa palavra e circule a sílaba tônica.

_____

c. Para indicar os prováveis lugares de origem do tapete, o texto cita alguns substantivos próprios. Circule esses substantivos.

d. Qual é o nome do tapete encontrado pela missão etnográfica? Sublinhe-o no texto.

5 Acentue as palavras que estão no quadro, quando necessário.

> vizir - martir - tunel - mago - util - impar - sotão - castelo

- Agora, justifique a acentuação dessas palavras.

6 O fato de ter conhecido melhor as personagens e a cultura dos povos árabes ampliou sua visão sobre essa cultura? Comente com os colegas.

Saber Ser

Contos e proezas da cultura popular

No capítulo anterior, você teve contato com histórias e personagens das culturas árabe e persa. Agora, você vai conhecer um conto africano, um causo e uma personagem divertida da cultura popular brasileira.

Na imagem ao lado, observe o que as pessoas estão fazendo, suas expressões e o lugar onde elas estão. Depois, responda às questões.

Para começo de conversa

1 O que está acontecendo na cena ao lado? Onde as pessoas estão?

2 As crianças estão interessadas no que está acontecendo? Compartilhe com os colegas como você chegou a essa conclusão.

3 Você costuma ouvir histórias? Em que lugar costuma ouvir?

4 As histórias podem encantar, comover, fazer rir, fazer chorar, além de transmitir ideias. Comente com os colegas e o professor quais sentimentos ou emoções você costuma sentir ao ouvir uma história.

Saber Ser

Ilustração: Guilherme Asthma/ID/BR. Fotografia: Shutterstock.com/ID/BR

Navegar na leitura

Você já ouviu falar do Quênia, um país do continente africano? Você vai ler um conto muito popular entre o povo desse país.

- Antes da leitura, reflita sobre a seguinte questão: Será que o poder e a riqueza são capazes de comprar a alegria e o bem-estar das pessoas?

Carne de língua
(conto africano)

Há muito, muito tempo, existiu um rei que se apaixonou **perdidamente** por uma rainha. Depois do casamento, a rainha foi morar no castelo do rei, mas, assim que pisou lá, misteriosamente ficou doente. […]

O rei, que amava sua esposa tão **intensamente**, decidiu:

— Eu mesmo vou procurar a cura para a doença da minha rainha.

E lá foi ele procurando a cura para sua rainha. Andou por cidades e campos. Num desses campos, avistou uma cabana. Aproximou-se, colocou o rosto perto da janela e viu, lá dentro, um casal de **camponeses**. O camponês mexia os lábios e, na frente dele, a camponesa, gordinha e rosadinha, não parava de gargalhar. Os olhos daquela mulher **transbordavam** felicidade.

O rei começou a pensar:

— O que será que faz essa mulher ser tão feliz assim?

Com essa pergunta na cabeça, o rei respirou fundo e bateu na porta da cabana.

[…]

— Muito simples, majestade. Alimento a minha mulher todos os dias com carne de língua.

[…]

A situação era de vida ou morte. O rei, mesmo achando aquilo meio estranho, agradeceu ao camponês e foi correndo para seu castelo. Chegando lá, mandou chamar imediatamente à sua presença o cozinheiro real:

— Cozinheiro, prepare imediatamente um imenso sopão com carne de língua de tudo o que é animal vivente na terra.

[…]

> **perdidamente:** exageradamente.
> **intensamente:** de um jeito forte, muito vigoroso.
> **camponês:** trabalhador do campo.
> **transbordar:** estar repleto, ter em grande excesso.

O imenso sopão ficou pronto no meio da noite. O próprio rei foi alimentar a sua rainha com carne de língua. [...]

O rei esperou, esperou e esperou, mas a rainha não melhorava, muito pelo contrário, parecia que a morte a levaria a qualquer momento. Um desespero tomou conta do rei. Se não fizesse algo, a rainha iria embora para sempre.

— Soldado! Soldado! — gritou.

Um imenso homem, com armadura e espada, entrou no quarto.

— Escute bem, soldado. A rainha tem que ser transferida imediatamente para a casa de um camponês. Lá você encontrará uma mulher gordinha e rosadinha, quero que você a traga até aqui.

[...] A troca foi feita e, assim que a camponesa entrou no castelo do rei, ficou doente misteriosamente. [...] O rei, então, decidiu ver como estava a sua rainha.

Chegando na cabana, pôs o rosto na janela e... Não podia ser! A rainha estava gordinha, rosadinha e gargalhava como nunca [ele] tinha visto antes. Na frente dela, o camponês não parava de mexer os lábios. O rei bateu à porta:

— Majestade, você novamente aqui. O que vossa alteza deseja?

— Camponês, o que está acontecendo!? A sua esposa está morrendo no meu castelo e a minha está toda feliz e saudável aqui na nossa frente.

— Me diga você, alteza, o que você fez?

— Fiz exatamente o que você mandou. Dei carne de língua de cachorro, gato, sapo, coelho, girafa..., para minha rainha e para sua esposa também. Mas, camponês, nada adiantou.

— Majestade, você não compreendeu o que eu disse. Eu alimento a sua rainha e a minha esposa com carne de língua, que são as histórias contadas pela minha língua.

O rei pensou um pouco sobre aquelas palavras. Lembrou-se também dos lábios do camponês mexendo. Parecia que agora havia entendido. Chamou a sua rainha de volta e devolveu a camponesa para sua casa. Assim que a rainha entrou no castelo, o rei prometeu que lhe daria todas as noites, antes de dormir, carne de língua.

[...]

Ilan Brenman. *As narrativas preferidas de um contador de histórias*. São Paulo: Landy/DCL, 2007. p. 11-17.

Texto e contexto

Ilan Brenman nasceu em Israel em 1973. Mudou-se para o Brasil em 1979. É formado em psicologia, gosta muito de contar histórias e já escreveu vários livros infantis.

Ler para compreender

1 Em duplas, respondam: O rei desse conto era rico e morava em um palácio. E o camponês, como era e onde vivia?

_____

_____

2 Responda às questões a seguir, comparando as personagens do texto.

a. O que aconteceu com a rainha depois de se casar?

_____

b. Segundo o texto, como era a camponesa?

_____

_____

c. Em que lugar a rainha morava? E a camponesa?

_____

3 O conto afirma que o rei amava muito sua esposa. Sublinhe no texto um trecho que mostre uma atitude de amor do rei pela rainha.

4 Releia este trecho, que fala sobre a chegada do rei à cabana.

> Chegando na cabana, pôs o rosto na janela e... Não podia ser! A rainha estava gordinha, rosadinha e gargalhava como nunca [ele] tinha visto antes. Na frente dela, o camponês não parava de mexer os lábios.

a. O uso das reticências interrompe a narrativa. O que se pode deduzir sobre essa pausa na narrativa, após o rei olhar pela janela?

_____

b. Marque com um **X** a alternativa correta. O uso das reticências nesse trecho cria no texto um efeito de:

☐ humor, porque foi engraçado o jeito como o rei colocou o rosto na janela.

☐ suspense, porque não conta, de imediato, como a rainha estava, provocando a curiosidade do leitor.

5 Nas duas vezes em que olhou para dentro da casa dos camponeses, o rei observou uma atitude semelhante da rainha e da camponesa. Qual era essa atitude?

_____

- O que causava essa reação nelas?

_____

6 Assinale com um **X** a alternativa que explica o que o rei entendeu quando o camponês disse: "Alimento a minha mulher todos os dias com carne de língua".

☐ O camponês contava histórias para alegrar a esposa.

☐ O camponês alimentava a esposa com carne da língua de diferentes animais.

7 Em um determinado trecho do conto, o narrador fala de uma troca. Que troca foi essa?

_____

_____

- O que aconteceu com as personagens envolvidas na troca?

_____

_____

8 O que significava a expressão "carne de língua" usada pelo camponês?

_____

_____

_____

- De que maneira o rei descobriu que havia entendido errado o que o camponês lhe dissera?

9 Releia este trecho, apresentado no início do conto.

Há muito, muito tempo, existiu um rei que se apaixonou perdidamente por uma rainha. Depois do casamento, a rainha foi morar no castelo do rei, mas, assim que pisou lá, misteriosamente ficou doente.

- A situação da rainha no conto "Carne de língua" é semelhante ao que costuma acontecer com princesas em vários contos de encantamento. Nesses contos, porém, situações como essa costumam ser resolvidas por meio de acontecimentos mágicos.

  a. O problema sofrido pela rainha nesse conto foi resolvido como nos contos de encantamento? Explique sua resposta.

  b. Que expressão encontrada no início do texto também é usada em contos de encantamento? Circule-a no trecho citado.

10 Releia este trecho que aparece no final do conto.

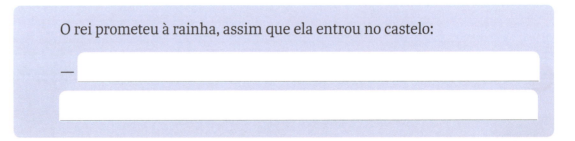

Assim que a rainha entrou no castelo, o rei prometeu que lhe daria todas as noites, antes de dormir, carne de língua.

- É possível perceber que o rei prometeu algo à rainha, mas a fala dele não aparece no texto. Esse recurso é chamado de **discurso indireto**. Se a fala do rei dirigindo-se à esposa aparecesse no texto, essa fala estaria no **discurso direto**. Agora, transforme o trecho em discurso direto. Para isso, escreva abaixo a fala do rei após o travessão.

O rei prometeu à rainha, assim que ela entrou no castelo:

—

11 A riqueza e o poder do rei garantiram a felicidade dele e de sua esposa? Explique sua resposta.

Saber
Ser

- Que ensinamentos a leitura do conto "Carne de língua" traz?

Os **contos populares** são histórias da tradição oral, ou seja, narrativas transmitidas de geração a geração. Não se sabe ao certo a origem dessas histórias, e muitas delas apresentam diferentes versões.

Os contos populares trazem elementos da cultura de um povo, apresentando características do ambiente em que a história se passa e descrevendo o jeito de ser e os costumes das pessoas.

Caminhos da língua

Aposto e vocativo

1 Releia este trecho do conto "Carne de língua".

> O camponês mexia os lábios e, na frente dele, a camponesa, **gordinha e rosadinha**, não parava de gargalhar.

a. Como a camponesa é apresentada nesse trecho?

_____

b. O trecho destacado refere-se ao:

☐ substantivo **camponesa**, explicando como é essa personagem.

☐ substantivo **camponês**, explicando como é o marido da camponesa.

2 Releia este outro trecho do conto.

> — Soldado! Soldado! — gritou.
> Um imenso homem, com armadura e espada, entrou no quarto.

● Agora, complete a frase, usando as palavras de um dos quadros.

forte e corajoso	medroso e frágil

O soldado, _____, foi logo fazer a transferência da rainha para a cabana.

> O termo destacado em verde, no trecho da atividade **1**, refere-se à camponesa. Vamos revê-lo?
>
> [...] a **camponesa**, **gordinha e rosadinha**, não parava de gargalhar.
>
> O termo que se relaciona a outro, explicando-o, especificando-o melhor ou esclarecendo algo sobre o que se disse ou o que ainda vai ser dito é chamado **aposto**. Veja mais um exemplo:
>
> A **rainha**, **esposa do rei**, estava muito doente.
>
> aposto

3 Releia o que o camponês disse ao ver o rei à sua porta.

> — Majestade, você novamente aqui. O que vossa alteza deseja?

- Qual palavra o camponês usou para se dirigir ao rei?

_____

4 Leia novamente uma fala presente no texto da página 122.

> — Cozinheiro, prepare imediatamente um imenso sopão com carne de língua de tudo o que é animal vivente na terra.

- Nessa frase, sublinhe a informação correspondente à pessoa a quem o rei se dirige.

O termo usado para se dirigir à pessoa com quem se fala é chamado **vocativo**. Veja alguns exemplos:

— **Professora**, a festa será mesmo no próximo sábado?
        |
     vocativo

— Não, **turma**, a festa foi transferida para o próximo domingo.
        |
     vocativo

5 Leia esta tira da personagem Suriá.

Laerte/Acervo da cartunista

Laerte. *Suriá, a garota do circo.* São Paulo: Devir/Jacarandá, 2000.

a. Que situação escolar, comum no começo da aula, é representada na tira?

_____

b. Para se dirigir aos estudantes, a professora usou vocativos. A quais personagens esses vocativos se referem?

_____

c. Após cada vocativo, o que os estudantes que estavam na sala de aula responderam?

_____

d. Qual foi o motivo de Suriá não ter respondido no momento em que foi chamada pela professora?

_____

6 Observe abaixo o título do livro em que a tira foi publicada. Depois, responda às questões.

Suriá, a garota do circo

Laerte/Acervo da cartunista

a. Qual é o aposto presente no título do livro?

_____

b. Suriá chega à aula de modo surpreendente. Em que o aposto do título se relaciona ao modo como ela chega?

7 Volte à tira da atividade **5**. Localize e transcreva o trecho que tem um pedido de desculpas de Suriá.

_____

a. Nessa fala da personagem, há um vocativo. Sublinhe-o.

b. A quem esse vocativo se refere?

_____

Caminhos da língua

Usos da vírgula

1 Leia outro trecho do conto "Carne de língua", em que o cozinheiro real prepara o sopão para a rainha. Observe as vírgulas em destaque.

Minna Mina/ID/BR

> O cozinheiro foi chamar os caçadores do reino. Depois de algumas horas, já tinha na sua frente língua de cachorro, gato, rato, jacaré, elefante, tigre, girafa, lagartixa, tartaruga, vaca, ovelha, zebra, hipopótamo...

Ilan Brenman. *As narrativas preferidas de um contador de histórias.* São Paulo: Landy/DCL, 2007. p. 14.

a. As palavras seguidas por vírgulas são nomes de animais. Em sua opinião, qual é a função das vírgulas nesse trecho?

_____

_____

b. O narrador citou nomes de diversos animais um por um. Por quê?

☐ Para provar que os caçadores do reino eram muito eficientes.

☐ Para expor a diversidade de animais usados para fazer o sopão.

2 Observe a posição da vírgula nestas frases e responda às questões.

— Escute bem, **soldado.**

— **Camponês**, o que está acontecendo!?

— **Majestade**, você não compreendeu o que eu disse.

a. Com que objetivo foram usadas as palavras em destaque?

_____

_____

b. A posição da vírgula modificou o objetivo das palavras em destaque ou apenas ajudou a organizar as frases? Explique.

_____

_____

A **vírgula** é empregada para separar itens em uma enumeração (como na atividade **1**) e para separar o vocativo (termo usado para se dirigir a alguém) do restante da frase (como na atividade **2**), entre outros casos.

3 Sente-se com um colega e, juntos, releiam este trecho do conto "Carne de língua".

> O rei esperou**,** esperou e esperou, mas a rainha não melhorava [...].

Minna Mná/ID/BR

a. Nessa parte, o narrador listou, por três vezes, a palavra **esperou**. Para que serviu o uso da vírgula em destaque?

_____

_____

b. Para que serviu a repetição dessa palavra?

☐ Para indicar que o rei simplesmente esperou pela melhora da rainha.

☐ Para indicar que o rei esperou muito pela melhora da rainha.

☐ Para dizer que o rei esperou pouco tempo pela melhora da rainha.

c. Reescreva o trecho acima acrescentando o mesmo tipo de repetição na frase "mas a rainha não melhorava" para reforçar que o tempo passava e ela não melhorava. Use a vírgula onde for necessário.

_____

_____

4 Copie as falas a seguir, empregando a vírgula onde for necessário.

a. — Prepare um imenso sopão cozinheiro.

_____

b. — Corre soldado corre!

_____

c. — O que há no saco Pedro?

_____

Anedota

Leia a anedota a seguir e veja o desafio que ela traz.

> E o [...] Juquinha:
> — Mariazinha, qual é o livro em que o fim está no meio?
> — Não sei.
> E ele explicou:
> — O ⭐!

Ziraldo. *Mais anedotinhas do bichinho da maçã*. São Paulo: Melhoramentos, 1988. p. 11-12.

- Para descobrir a resposta à pergunta de Juquinha, faça o que se pede.

a. Por que há uma vírgula depois do nome **Mariazinha**?

b. Se Mariazinha usasse o nome de Juquinha na resposta dela, como ficaria a frase?

c. No quadro abaixo, copie as palavras **fim**, **zebra** e **aposta** de acordo com a ordem alfabética.

Ordem alfabética		
começo	meio	final

Dica
- Em que posição ficou a palavra **fim**?
- Pense em um livro que organiza seu conteúdo em ordem alfabética.

d. Agora, descubra a palavra que falta na frase a seguir. Copie a frase substituindo o símbolo ⭐ pela palavra que está faltando. Acrescente vírgula onde for necessário.

> No ⭐, a palavra **aposta** fica no começo, a palavra **fim** fica no meio, e a palavra **zebra** fica no fim.

_____

_____

e. E, então, você descobriu qual é o final da anedota? Escreva a última fala de Juquinha, substituindo o símbolo ⭐ pela resposta.

_____

Olá, oralidade

Variedades linguísticas

O texto a seguir é um causo, uma narrativa popular que costuma ser contada oralmente. Leia-o com bastante atenção e divirta-se!

Amigo oculto, escondido ou **amoitado**?

Antigamente, por motivos de festas, novenas, terços ou às vezes simplesmente pelo prazer de passar horas agradáveis conversando, as famílias moradoras na roça tinham o costume de se visitarem e até "pousar" na casa de parentes e amigos. Indo embora só no outro dia à tarde.

> **amoitado:** escondido, oculto.
> **compadre:** pessoa com quem se tem uma relação familiar.
> **aroeira:** árvore de folhas longas, que tem como fruto a pimenta rosa.

Dentre as muitas visitas dos **compadres** à casa de meu avô, lembro-me especialmente de certa vinda de alguns tios trazendo seus filhos [...].

Era uma verdadeira festa o encontro da "primaiada". Durante o dia, a turma andava a cavalo, caçava ninhos de galinha no mato, brincava com cães e gatos, nadava no corguinho, corria pelo quintal, subia em árvores, comia fruta no pé. Se fosse tempo de mexerica enredeira a presença era notada de longe. Época de manga, então, não se comia outra coisa, só manga o dia todo!

Criança de roça estava sempre faltando uma unha do dedão, tinha pés cheios de espinhos, pernas e braços arranhados, mas era muito feliz! Não esqueço uma vez em que brincávamos à sombra de uma **aroeira**, desobedecendo à recomendação de que ficássemos longe daquela árvore. O João, meu primo, querendo mostrar coragem, esfregou várias folhas no rosto. O menino ficou irreconhecível de tão empipocado e com a cara inchada e vermelha.

No fim do dia, após a janta, as mulheres conversavam sentadas no banco grande da cozinha. Falavam de tudo: fazeção de polvilho, receitas de doces e biscoitos, chás para todas as doenças... Na sala os homens jogavam truco fazendo muito barulho. Lembro-me do tio Roque, sempre exagerado. Ele chegava a subir na mesa sapateando e gritando: truco, um, dois, três!

À noite, no terreiro enluarado, corríamos atrás dos vaga-lumes, coisa emocionante! Além disso, entre as nossas brincadeiras estava o chicotinho--queimado, a barra-manteiga, porém o preferido era pique-esconde. Um participante ficava com rosto na parede e contava até trinta bem devagar, enquanto o resto da turma se escondia espalhando-se por todo canto. Seria vencedor o último a ser encontrado.

Num desses dias, eu e um casal de primos fomos nos esconder pros lados da varandinha do paiol. Ali se guardavam **arreios** dependurados, tuias, latas antigas de guardar manteiga, tachos, caixas de madeira e couro, cordas, laços e várias ferramentas. Tinha até abóboras maduras amontoadas num canto.

Helena e eu sugerimos que Toninho se amoitasse dentro de uma das caixas vazias e colocamos a tampa por cima. Depois cada uma de nós procurou um lugar seguro e se escondeu também...

A brincadeira estava muito divertida e durou até altas horas, quando fomos chamados pelas mães. Era hora de dormir. Nos quartos os colchões de palha **estalavam** de tão cheios, anunciando um sono cheio de sonhos.

Muitas horas mais tarde acordei assustada e chamei Helena, que dormia perto de mim.

— Leninha, acorda! Nóis esquecemo o Toninho dento da caixa na varandinha dos arreios!

— Minha nossa, Mariinha! Tadim dele deve tê murrido sem ar!

Era madrugada quando saímos pé ante pé, para não acordar ninguém. Levando uma lamparina, seguimos pelo terreiro, indo em direção ao paiol e à varandinha dos arreios.

Com o coração apertado, rezávamos para que o primo ainda estivesse vivo. Assim que abrimos a caixa, Toninho acordou assustado e, esfregando os olhos sonolentos, disse:

— Mariinha, Leninha... Fui campião do pique-isconde! Ninguém achô ieu amoitado nessa caxa, né memo?

arreio: conjunto de peças usadas no preparo do animal para montaria.

estalar: fazer estalos, produzir som de algo quebrando.

Maria Mineira. *Amigo oculto, escondido ou amoitado?*
Disponível em: https://www.recantodasletras.com.br/contos-de-aventura/4666882.
Acesso em: 15 jun. 2021.

1 Você achou o causo engraçado? Por quê?

2 Maria, personagem e narradora da história, conta uma peripécia dela e dos primos na infância, o que é comum em muitos causos. Depois de brincar de pique-esconde, o que fez com que Maria e Leninha ficassem preocupadas no meio da madrugada?

3 Algumas palavras do causo são típicas do vocabulário usado no lugar onde a história se passa. Leia as palavras destacadas nas frases a seguir. Note que elas foram escritas entre aspas no texto. Converse com os colegas e escreva o que vocês compreenderam do significado delas.

A […] as famílias moradoras na roça tinham o costume de se visitarem e até **"pousar"** na casa de parentes e amigos. Indo embora só no outro dia à tarde.

B Era uma verdadeira festa o encontro da **"primaiada"**.

4 No causo, está representado um jeito de falar comum do interior de Minas Gerais. Isso pode ser percebido, principalmente, nos diálogos das personagens. Leia as falas de Maria, Leninha e Toninho.

Fala de Maria

— Leninha, acorda! Nóis esquecemo o Toninho dento da caixa na varandinha dos arreios!

Fala de Leninha

— Minha nossa, Mariinha! Tadim dele deve tê murrido sem ar!

Fala de Toninho

— Mariinha, Leninha… Fui campião do pique-isconde! Ninguém achô ieu amoitado nessa caxa, né memo?

a. De que forma Leninha disse a palavra **coitadinho**?

b. De que forma Toninho disse a expressão "não é mesmo"?

_____

c. Na fala das personagens, no lugar de **esquecemos**, foi registrado **esquecemo**; no lugar de **ter**, foi registrado **tê**; e, no lugar de **achou**, foi registrado **achô**. Por que os verbos foram registrados dessa forma?

_____

_____

5 Relembre o trecho "nadava no **corguinho**", no terceiro parágrafo. A palavra destacada indica o diminutivo de outra usada por alguns falantes naquele local. Ela se refere ao diminutivo de qual palavra?

☐ Corrida.   ☐ Corredor.   ☐ Córrego.

• Você acha que o local onde uma pessoa vive influencia o modo como ela fala? Converse com os colegas.

6 Releia o trecho a seguir.

> À noite, no terreiro enluarado, corríamos atrás dos vaga-lumes, coisa emocionante! Além disso, entre as nossas brincadeiras estava o chicotinho-queimado, a barra-manteiga, porém o preferido era pique-esconde. Um participante ficava com rosto na parede e contava até trinta bem devagar, enquanto o resto da turma se escondia espalhando-se por todo canto. Seria vencedor o último a ser encontrado.

a. Quais brincadeiras faziam parte da infância da narradora?

_____

_____

b. Qual dessas brincadeiras a narradora descreve com mais detalhes? Por que ela faz isso?

_____

_____

c. Você já conhecia essa brincadeira? Comente com os colegas.

d. Compartilhe com os colegas e o professor os nomes das brincadeiras com as quais você costuma brincar. Você tem uma brincadeira preferida? Qual?

7 A seguir, veja um mapa que mostra diversos nomes usados para se referir às brincadeiras de esconder em diferentes regiões do Brasil.

Fonte de pesquisa: *Mapa do brincar*. Disponível em: https://mapadobrincar.folha.com.br/brincadeiras/esconder/regioes.shtml. Acesso em: 15 jun. 2021.

a. De acordo com o mapa, quais nomes são utilizados para se referir às brincadeiras de esconder na região em que você mora?

b. Além desses, quais outros nomes você conhece ou utiliza?

c. Você consegue imaginar por que cada região apresenta um nome diferente? Discuta com os colegas.

> Você sabia que a língua muda de acordo com o tempo, o lugar, o grau de escolaridade, a profissão e a faixa etária dos falantes, nas diversas circunstâncias em que é produzida, resultando em **diferentes falares**? Esses falares são chamados **variedades linguísticas**.

8 Você já sabe que as pessoas podem se expressar de maneiras diferentes. Você acha certo dizer que as pessoas que moram em determinada região falam mais corretamente que as pessoas de outra região? Por quê?

9 O professor vai reproduzir um áudio para que você ouça a fala de pessoas de diferentes regiões do Brasil. Ouça com atenção e observe as variedades linguísticas presentes nesses registros. Tente descobrir de que lugares se trata e em que situações de comunicação as pessoas se encontram. Depois, converse com os colegas e o professor sobre o que você observou.

O dicionário é um livro organizado em verbetes apresentados em ordem alfabética. Outro tipo de livro organizado dessa maneira é a **enciclopédia**.

- Você já teve oportunidade de folhear ou consultar uma enciclopédia? Com que propósito fez isso?
- Você sabe quais tipos de assunto são abordados em enciclopédias?

Texto 1

Pedro Malasartes

Introdução

Fac-símile/ID/BR

Cartaz do filme *As aventuras de Pedro Malasartes* (1960), de Mazzaropi. Essa foi uma das muitas vezes em que Malasartes foi representado no cinema.

Malandro, sábio e sedutor, Pedro Malasartes é um personagem famoso nos **contos populares** brasileiros. Chegou ao país na bagagem de histórias trazidas pelos povos da península Ibérica (**Portugal** e **Espanha**). "Malasartes" vem do espanhol *malas artes* (literalmente, "artes más"), que significa "travessuras" ou, no limite, "malandragens".

De origem humilde, o astuto herói popular é cheio de artimanhas. Consegue enganar todos os que cruzam o seu caminho. Sempre leva a melhor diante dos poderosos, avarentos, orgulhosos ou vaidosos. Em alguns contos, Malasartes aparece como um herói humilde que faz justiça. Em outros, é só um malandro que tenta sobreviver.

Uma de suas peripécias conhecidas está no conto *A sopa de pedra*. Várias versões diferentes existem dessa história. Numa delas, perambulando pelas cidades, Malasartes chega à casa de uma velha avarenta que não queria dar o que comer ao rapaz faminto. Ele, então, prega uma peça na senhora avarenta, ao anunciar que sabe preparar uma sopa muito saborosa, feita só com uma pedra.

astuto: esperto.
artimanha: modo de agir com o objetivo de enganar outra pessoa.
avarento: pessoa com apego exagerado ao dinheiro.
peripécia: aventura.
perambular: andar sem ter um destino.

Ancestral de Malasartes

Anti-heróis

Texto 2

Pedro Malasartes

Ancestral de Malasartes

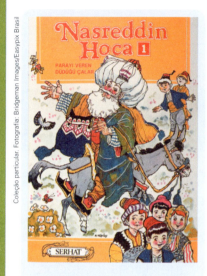

Coleção particular. Fotografia: Bridgeman Images/Easypix Brasil

Capa de um livro sobre Nasreddin Hoca, feita pelo artista turco Mustafa Delioglu. Nasreddin Hoca é o nome pelo qual Nasrudin é conhecido na Turquia.

O personagem Nasrudin, famoso nas histórias **árabes**, é um dos que possivelmente deram origem a Pedro Malasartes e a seus parentes que se espalharam pelo mundo. Com seu turbante, sua barba e seu burrico, Nasrudin é também conhecido como Goha, Srulek e Djeha.

Ninguém sabe direito a origem desse rapaz, meio maluco, meio gozador; **Irã**, **Paquistão**, **Egito**, **Turquia** e **Síria**, entre outros países, disputam a honra de ser o local de seu nascimento. Mas há estudiosos que acreditam que Nasrudin realmente existiu, por volta do século XIII, num vilarejo da Turquia, onde é conhecido como Nasreddin Hoca (em turco, *hoca* significa "mestre").

Tolo, ingênuo, louco e sábio, Nasrudin apresenta várias facetas nas histórias. Mas ele sempre faz as pessoas pensarem (ou filosofarem) sobre regras que são criadas sem que ninguém saiba a razão ou sobre as convenções que são seguidas há tempos sem ser questionadas.

Britannica Escola. Disponível em: https://escola.britannica.com.br/levels/fundamental/article/Pedro-Malasartes/483447. Acesso em: 15 jun. 2021.

Texto e contexto

Enciclopédia

Enciclopédia é uma obra que reúne um grande número de textos que registram o conhecimento humano sobre diversos assuntos. É uma obra que serve de referência para o estudo e a pesquisa. Geralmente, é organizada em ordem alfabética ou por temas.

OSORIOartist/Shutterstock.com/ID/BR

Essa obra, que antes circulava apenas na versão impressa, atualmente existe também na versão digital, possibilitando um manuseio mais prático, em que é necessário apenas digitar o assunto que se deseja consultar.

Ler para compreender

1 Observe com atenção os textos **1** e **2**. É possível saber se foram publicados na internet ou em uma enciclopédia impressa? Quais informações observadas permitiram a você chegar a essa conclusão?

2 Assinale a alternativa que indica por que o verbete foi escrito.

◯ Para divertir o leitor.   ◯ Para informar o leitor.

3 O **título** do verbete correspondente ao texto **1** é o nome de uma personagem da literatura: Pedro Malasartes.

a. De acordo com o primeiro parágrafo do verbete, em que tipo de história essa personagem costuma aparecer?

_____

b. Localize e sublinhe o parágrafo do texto que apresenta, com detalhes, as características dessa personagem, incluindo como ela age nas histórias das quais é protagonista.

4 Releia estas informações, retiradas do primeiro parágrafo do texto.

> Malandro, sábio e sedutor, Pedro Malasartes é um personagem famoso nos **contos populares** brasileiros. Chegou ao país na bagagem de histórias trazidas pelos povos da península Ibérica (**Portugal** e **Espanha**). "Malasartes" vem do espanhol *malas artes* (literalmente, "artes más"), que significa "travessuras" ou, no limite, "malandragens".

a. Considerando onde o texto foi publicado, o que podem ser essas palavras destacadas em verde?

_____

b. O que esse tipo de destaque na palavra indica?

_____

_____

5 Os verbetes enciclopédicos costumam apresentar linguagem própria das áreas de conhecimento relacionadas às informações expostas. O texto lido traz informações relacionadas a que áreas de conhecimento?

☐ Matemática   ☐ História   ☐ Literatura

> Um verbete de enciclopédia pode conter informações referentes a diferentes **áreas de conhecimento**.

6 Leia com atenção o texto **2**. Sublinhe no verbete o parágrafo que contém informações históricas sobre a nova personagem apresentada.

7 O texto **2** é um verbete que pode ser acessado ao clicar em um dos itens que fica logo abaixo do verbete principal (texto **1**).

> Ancestral de Malasartes
>
> Anti-heróis

a. De acordo com o contexto da página da enciclopédia, por que Nasrudin pode ser considerado um **ancestral** da personagem Malasartes?

_____

_____

_____

b. Se considerarmos que um **anti-herói** é um herói às avessas, o que poderia ser encontrado no item "Anti-heróis", disponível no _site_?

_____

_____

8 Os textos foram publicados em uma enciclopédia intitulada _Britannica Escola_. Releia-os em voz alta para um familiar, atente para a linguagem usada e marque **sim (S)** ou **não (N)** para cada afirmação.

☐ A linguagem é muito elaborada, difícil de compreender devido ao uso exagerado de termos desconhecidos.

☐ A linguagem foi facilitada para que o estudante possa compreender as informações.

☐ A linguagem da enciclopédia é apropriada à leitura de cientistas e pesquisadores, não ao público em geral.

Caminhos da língua

Artigo

1 Releia o texto a seguir e os boxes explicativos.

> Neste trecho **em roxo**, a narradora cita um lugar seguro sem identificá-lo.

> Neste trecho **em azul**, a narradora se refere a uma brincadeira, e é possível identificá-la. Não se trata de qualquer brincadeira, pois no parágrafo anterior ela já foi mencionada como a brincadeira preferida (pique-esconde) pelas personagens.

À noite, no terreiro enluarado, corríamos atrás dos vaga-lumes, coisa emocionante! Além disso, entre as nossas brincadeiras estava o chicotinho-queimado, a barra-manteiga, porém o preferido era pique-esconde. Um participante ficava com o rosto na parede e contava até trinta bem devagar, enquanto o resto da turma se escondia espalhando-se por todo canto.

[...]

Helena e eu sugerimos que Toninho se amoitasse dentro de uma das caixas vazias e colocamos a tampa por cima. **Depois cada uma de nós procurou um lugar seguro e se escondeu também...**

A brincadeira estava muito divertida e durou até altas horas, quando fomos chamados pelas mães. Era hora de dormir. Nos quartos os colchões de palha estalavam de tão cheios, anunciando um sono cheio de sonhos.

[...]

a. A narradora identifica o participante que ficava com o rosto na parede na brincadeira de pique-esconde?

_____

b. Qual termo acompanha a palavra **participante** no texto? Circule-o.

o	a	os	as	um	uma	uns	umas

c. Complete cada espaço antes das palavras ou expressões a seguir com a palavra que aparece antes delas no texto.

_____ barra-manteiga   _____ tampa   _____ lugar seguro

d. As palavras apresentadas no item anterior e as palavras que você escreveu antes delas estão no singular ou no plural?

_____

e. Circule, no item **c**, a palavra que antecede um substantivo masculino.

São **artigos** as palavras **o**, **a**, **os**, **as**, **um**, **uma**, **uns**, **umas** que acompanham os substantivos, no singular ou no plural, no masculino ou no feminino.

2 Releia o trecho a seguir, do verbete enciclopédico "Pedro Malasartes".

O personagem Nasrudin, famoso nas histórias árabes, é um dos que possivelmente deram origem a Pedro Malasartes e a seus parentes que se espalharam pelo mundo. [...]

Ninguém sabe direito **a** origem desse rapaz, meio maluco, meio gozador; Irã, Paquistão, Egito, Turquia e Síria, entre outros países, disputam **a** honra de ser **o** local de seu nascimento. Mas há estudiosos que acreditam que Nasrudin realmente existiu, por volta do século XIII, num vilarejo da Turquia, onde é conhecido como Nasreddin Hoca (em turco, *hoca* significa "mestre").

Tolo, ingênuo, louco e sábio, Nasrudin apresenta várias facetas nas histórias. Mas ele sempre faz **as** pessoas pensarem (ou filosofarem) sobre regras que são criadas sem que ninguém saiba **a** razão ou sobre **as** convenções que são seguidas há tempos sem ser questionadas.

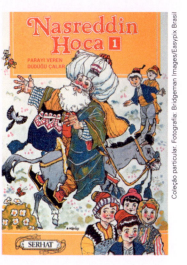

Coleção particular. Fotografia: Bridgeman Images/Easypix Brasil

a. Circule no texto os artigos em destaque que acompanham substantivos femininos no singular.

b. Sublinhe no texto os artigos em destaque que acompanham substantivos masculinos no singular.

c. Os dois artigos **as** em destaque acompanham:

☐ substantivos femininos no plural.

☐ artigos no feminino plural.

3 Releia este outro trecho do verbete enciclopédico "Pedro Malasartes".

Uma de suas peripécias conhecidas está no conto *A sopa de pedra*. [...] Malasartes chega à casa de uma velha avarenta que não queria dar o que comer ao rapaz faminto. Ele, então, prega uma peça na senhora avarenta, ao anunciar que sabe preparar uma sopa muito saborosa, feita só com **uma pedra**.

● Converse com os colegas e responda: Por que, antes da palavra **pedra**, foi usado o artigo **uma** e não o artigo **a**?

Dando asas à produção

Verbete de enciclopédia

Neste capítulo, você estudou verbete de enciclopédia. Agora, você vai produzir seu próprio verbete. Para isso, use como exemplo o verbete "Pedro Malasartes" e escolha uma personagem de conto de que você goste ou sobre a qual gostaria de obter mais informações.

O que vou produzir

Você vai pesquisar sobre a personagem que escolher e produzir um verbete sobre ela. Depois, você e seus colegas vão montar uma minienciclopédia com todos os verbetes produzidos pela turma, que ficará na biblioteca da escola para que outros estudantes possam lê-la e consultá-la.

Orientações para a produção

1. Veja a seguir algumas perguntas que poderão ser usadas como roteiro para a pesquisa.

   - Que personagem você escolheu? Qual é o conto em que ela aparece? Ela é a protagonista da história?

   - Quais são as características físicas dessa personagem? Como é seu jeito de ser? É herói (ou heroína), vilão (ou vilã)? Essa personagem é amiga do herói (ou da heroína) da história? Ela é uma pessoa, um animal ou um ser mágico?

   - Quais são os primeiros registros históricos sobre essa personagem? Em qual país o conto com essa personagem se tornou conhecido? O nome dado à personagem varia de livro para livro ou de lugar para lugar?

2. Consulte mais de uma fonte, buscando informações interessantes para compor o verbete. Peça a ajuda do professor, do bibliotecário ou de um familiar e faça anotações no caderno sobre o que você pesquisou.

3. Providencie uma imagem da personagem e lembre-se de criar uma legenda para ela.

Minna Mina/ID/BR

4. Escreva o texto usando palavras que possam ser compreendidas por outros leitores de sua idade. Não copie o texto das fontes de pesquisa.

5. Organize o texto em parágrafos. Escreva entre três e cinco parágrafos o que achar interessante de sua pesquisa. Lembre-se de colocar informações históricas, com dados que o leitor não conheceria sem ler seu verbete.

6. Use os sinais de pontuação necessários e preste atenção ao uso adequado da vírgula.

7. O título do verbete deve identificar o conteúdo da pesquisa. Nesse caso, será o nome da personagem.

Avaliação e reescrita

Releia o verbete e responda às perguntas do quadro.

1. O verbete contém informações interessantes para o leitor?	Sim	Não
2. O texto apresenta algum dado histórico sobre a personagem selecionada?	Sim	Não
3. Você selecionou uma imagem para compor o verbete?	Sim	Não
4. O texto foi organizado em parágrafos? As frases foram pontuadas corretamente?	Sim	Não
5. Você deu ao verbete um título que identifica a personagem?	Sim	Não

Avalie se há necessidade de corrigir ou alterar algo no texto antes de fazer a edição da versão final na folha da página 301.

Depois de prontos, os verbetes devem ser organizados em ordem alfabética, como acontece nas enciclopédias impressas.

A edição da versão final e das imagens também pode ser feita em meio eletrônico.

Minna Mina/ID/BR

Circulação dos textos

1. Escolham um dia para doar a minienciclopédia à biblioteca. Aproveitem esse dia e divulguem o material. Comentem com os colegas de outras turmas da escola que ele ficará disponível para uso de todos.

2. Outra opção é criar uma minienciclopédia digital da turma em meio eletrônico. Se essa for a opção escolhida, o professor vai auxiliá-los na preparação da página e na inclusão dos textos.

Maculelê: herança cultural

Neste capítulo, você conheceu um conto de origem africana. As narrativas orais são riquezas imateriais de um povo, além de uma das maneiras de transmitir conhecimento e heranças culturais.

Ao longo dos anos, o Brasil recebeu diretamente muitas influências em sua formação cultural por conta da diversidade dos povos que migraram para cá. De uma dessas misturas se originou o **maculelê**, criado na Bahia, com influências afro-brasileiras e indígenas.

Há muitas lendas que explicam a origem dessa manifestação cultural. Segundo uma delas, o maculelê tem origem em uma arte marcial e surgiu da necessidade de um jovem guerreiro que, sozinho, usando apenas dois pedaços de madeira, teve de defender sua aldeia do ataque de uma aldeia rival.

Estima-se que o maculelê exista desde 1757. No entanto, a prática foi esquecida por anos, até que, em meados da década de 1940, o mestre Popó do Maculelê criou, com seus filhos e netos, o Conjunto de Maculelê de Santo Amaro da Purificação, transmitindo essa tradição de geração para geração e se tornando o maior responsável por divulgá-la.

▼ Apresentação de maculelê na cidade de Sorocaba (SP), em 2018.

noclicadoPA7/Arquivo do fotógrafo

Atualmente, a prática é uma dança folclórica que simula uma luta na qual os participantes utilizam duas grimas (bastões de madeira). Com estas, eles golpeiam o chão e os bastões de outros participantes, conforme o ritmo da música, cujas letras misturam línguas africanas, indígenas e o português brasileiro. Também é considerado um ritmo – e um toque – brasileiro.

A música é composta por canto e percussão. São utilizados três atabaques (com variações de tamanho e som), agogô e ganzá, além dos sons produzidos pelas batidas das grimas. Os versos cantados têm origem nas canções que africanos escravizados entoavam durante o trabalho nas lavouras, especialmente no cultivo da cana-de-açúcar, e apresentam diferentes finalidades, como saudação, homenagem e agradecimento.

Geralmente, nas apresentações, os participantes da maioria dos grupos usam saia de sisal e pinturas indígenas nas partes desnudas do corpo. Grupos de capoeira, que também praticam maculelê, usam as mesmas vestimentas da prática da capoeira: camiseta e calça de algodão.

▲ Durante a dança, cada participante segura um bastão em cada mão, como se vê nesta apresentação em Sorocaba (SP), em 2018.

▲ Espetáculo de maculelê apresentado em São Paulo (SP), em 2018. Assim como a capoeira, o maculelê mistura dança, luta e música.

1 Qual é a origem do maculelê? O objetivo com que ele é praticado hoje é o mesmo de quando foi criado?

2 O que mais lhe chamou a atenção sobre essa prática?

3 Você já assistiu a uma apresentação de maculelê? Como foi?

4 Em sua opinião, é importante valorizar as culturas populares e regionais de nosso país? Como podemos valorizar essas manifestações culturais?

Vamos compartilhar!

Mostra cultural sobre a África e o mundo árabe

No capítulo anterior e neste, você leu um conto do mundo árabe e um conto africano. Você sabia que chamamos de árabes os povos que habitam o Líbano, a Síria, o Iraque, o Egito e o Marrocos, entre outros países? E que na África há países nos quais se falam diferentes línguas, inclusive o português, como em Angola e Moçambique?

Agora, você vai fazer um passeio por esses lugares pesquisando, lendo e conhecendo personagens de outras histórias desses povos. Depois, vai apresentar, na mostra cultural que será organizada, algumas manifestações culturais de países do mundo árabe e da África. Você vai criar novos verbetes de enciclopédia para apresentar nessa mostra, além de divulgar em uma exposição oral o resultado obtido na pesquisa.

Produzindo verbetes

Formem um grupo com quatro estudantes. Uma dupla vai pesquisar e ler um conto árabe. A outra vai pesquisar e ler um conto africano. Escolham uma ou duas personagens de cada conto e façam um verbete sobre elas.

Primeiro, façam o planejamento e o rascunho do texto. Depois, revisem o verbete conforme aprenderam na seção *Dando asas à produção*. Em seguida, passem a limpo o verbete em uma cartolina ou digitem-no, usando letras grandes para que o texto fique bem visível. O verbete deverá ser composto pelo texto que vocês criaram e por uma ilustração.

Ampliando a pesquisa: além do mundo árabe, a África

Ainda em grupo, façam uma pesquisa sobre as culturas africanas, semelhante à que realizaram sobre o mundo árabe no capítulo 3. Cada grupo vai pesquisar um dos temas a seguir, procurando identificar, na introdução do assunto pesquisado, a qual(is) país(es) da África o elemento pesquisado se refere. Lembrem-se de que a África tem muitos países e há muitas riquezas a descobrir.

O professor vai distribuir os assuntos abaixo entre os grupos.

- Palavras de origem africana usadas no Brasil.
- Costumes e brincadeiras das crianças africanas.
- A influência africana na culinária do Brasil.

Para apresentar os conteúdos pesquisados na mostra, retomem as orientações da seção *Dando asas à produção* e *Olá, oralidade* do capítulo 3 e façam um resumo das informações selecionadas na pesquisa. Esse resumo servirá de base para a exposição oral que será realizada durante a mostra.

Preparando e organizando os trabalhos da mostra

1. Combinem com o professor os procedimentos para preparar os materiais e apresentar os elementos que vão compor a mostra.

2. Confeccionem convites para a mostra e os distribuam entre a comunidade escolar.

3. Organizem os espaços da mostra em diferentes setores. Por exemplo:

- **Setor do mundo árabe** – Conterá dois espaços, um para a exposição dos verbetes das personagens de contos árabes e de livros de contos árabes que podem ser selecionados na biblioteca, outro para a exposição oral do conteúdo preparado na seção *Olá, oralidade* do capítulo 3.

- **Setor África** – Também conterá dois espaços, um para a exposição dos verbetes das personagens de contos africanos e de livros com histórias de origem africana, outro para a exposição oral do conteúdo pesquisado no item *Ampliando a pesquisa: além do mundo árabe, a África.*

4. Cada grupo deverá ensaiar a própria apresentação e, depois, os grupos farão, juntos, um ensaio geral da exposição oral. No dia da apresentação, preparem com antecedência o lugar onde o trabalho será apresentado e, durante a apresentação, lembrem-se de mostrar, enquanto falam, as imagens e os tópicos resumidos. Não se esqueçam de agradecer a presença do público no final.

Avaliação

Após o evento, em uma roda de conversa, avaliem:

- As pesquisas resultaram em materiais interessantes? Os resumos e verbetes ofereceram informações novas e relevantes?

- As apresentações da exposição oral foram bem ensaiadas? Os grupos conseguiram comunicar ao público o que pretendiam?

- Há algum aspecto do evento que poderia ter sido mais bem planejado?

Vocabulário

Esta seção apresenta o significado de algumas palavras que você viu ao longo do capítulo. Note que, às vezes, a palavra pode assumir mais de um sentido. dependendo do contexto em que é utilizada. Leia essas palavras em voz alta para verificar a pronúncia adequada.

astuto <as.**tu**.to>
Que é traiçoeiro e engana as pessoas.
Infelizmente, o poder ainda está nas mãos de pessoas astutas.

cabana <ca.**ba**.na>
Pequena casa rústica feita de madeira; barraca.
O hotel oferece pequenas acomodações individuais, como cabanas, para seus hóspedes.

faceta <fa.**ce**.ta>
1. Característica de uma pessoa ou de algo.
   A atriz que ganhou o Oscar é muito talentosa.
   Uma de suas facetas pode ser vista em seu novo filme.
2. Pequena face ou superfície de um objeto.
   Esta faceta da pedra tem um brilho incrível!

imaterial <i.ma.te.ri.**al**>
Que não é material, que não se pode tocar.
O samba é considerado um patrimônio imaterial cultural do Brasil.

mostra <**mos**.tra>
1. Exemplo, amostra ou modelo de algo.
   Essas imagens são uma mostra de tudo que aconteceu no dia do evento.
2. Exposição de obras artísticas, históricas, literárias, etc. para visitação pública.
   A mostra está aberta ao público até o final deste mês.

Ilustrações: Katharine Frota/ID/BR

paiol <pai.**ol**>
Lugar usado como depósito de produtos agrícolas, materiais, cereais, etc.
Apesar de o paiol ser grande, não foi possível guardar nele todo o café produzido na fazenda.

polvilho <pol.**vi**.lho>
Farinha muito fina obtida da mandioca.
Para a receita do biscoito, é preciso misturar 50 gramas de polvilho na massa.

proeza <pro.**e**.za>
Algo difícil de ser realizado, que requer coragem ou habilidade; qualquer ação incomum.
O zagueiro fez uma verdadeira proeza: roubou a bola do adversário, driblou dois jogadores, enganou o goleiro e marcou gol.

turbante <tur.**ban**.te>
Longa faixa de tecido que se enrola na cabeça, cobrindo-a.
Minha tia tem o costume de usar turbante em dias muito quentes.

Salamandra/Arquivo da editora

**Histórias das mil e uma noites,
de Ruth Rocha. Editora Salamandra.**

Essa obra reúne contos populares do Oriente Médio e do sul da Ásia. Ruth Rocha apresenta o reconto de um clássico da literatura universal que faz parte da tradição popular: a história de um rei chamado Sharyar e da contadora de histórias Sherazade. Essas histórias divertem, ensinam e fazem a imaginação voar.

**Meus contos africanos, de Nelson Mandela.
Editora Martins Fontes.**

Nessa obra, organizada pelo líder mundial Nelson Mandela, são encontradas algumas histórias tão antigas quanto os povos da África, contadas ao redor de fogueiras desde tempos imemoriais. São contos herdados dos povos san e khoi, originalmente caçadores e criadores de animais, deixados à imaginação daqueles que vieram do mar em grandes embarcações. A obra conta com ricas ilustrações, que complementam cada um dos contos.

Martins Fontes/Arquivo da editora

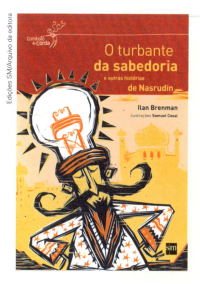

Edições SM/Arquivo da editora

**O turbante da sabedoria e outras histórias
de Nasrudin, de Ilan Brenman. Edições SM (Coleção
Comboio de Corda).**

Organizado em seis partes, esse livro reúne breves narrativas com a personagem Nasrudin. Não se sabe ao certo se esse sábio realmente existiu, mas há rumores de que teria vivido no século XIII. No entanto, suas histórias – divertidas, irreverentes e filosóficas – circularam por diversos países do Oriente Médio e da Ásia, como Egito, Síria, Irã e Paquistão, incorporando-se às tradições de povos árabes e persas, entre outros.

1 Leia esta tira.

Liniers. *Macanudo n. 1*. Campinas: Zarabatana Books, 2008.

a. Ao se dirigir ao cão, o pato usa um vocativo. Circule-o na tira.

b. Para responder à observação do pato, o cão usa um aposto. Copie esse aposto e, nele, destaque o artigo.

_____

c. A explicação parece não contentar a curiosidade do pato sobre a aparência do cão. A pergunta que o pato faz no final continua se referindo ao fato de parecer que o cão está derretendo? Por quê?

2 Leia o texto a seguir, pontuando com vírgula o trecho destacado.

A raça *shar-pei* é conhecida por sua pele solta e suas rugas por todo o corpo. Embora ocorram principalmente em filhotes, nos adultos, [as rugas] **podem estar presentes apenas na região da cabeça pescoço e ombros. [...]**

O shar-pei é autoconfiante, sério independente, algumas vezes teimoso. Porém é muito inteligente e não precisa de muito tempo para aprender comandos [...].

Maísa Melo Heker. *Shar Pei* – Tudo o que você precisa saber sobre essa raça. Disponível em: http://euamomeusanimais.com.br/shar-pei-cao-apaixonante-e-cativante/. Acesso em: 15 jun. 2021.

• Inclua, no trecho a seguir, um aposto que corresponda à informação dada pelo cão na tira. Use o sinal de pontuação adequado.

A raça shar-pei _____ é conhecida por

sua pele solta e suas rugas por todo o corpo.

3 Releia o trecho do causo "Amigo oculto, escondido ou amoitado?".

> O João, meu primo, querendo mostrar coragem, esfregou várias folhas no rosto.

a. Circule o artigo que define a personagem apresentada no trecho.

b. Copie o aposto que indica o parentesco entre João e a narradora.

_____

4 Leia a anedota a seguir e divirta-se. Depois, faça o que se pede.

O valor do dinheiro

Para ensinar ao filho o valor do dinheiro e tentar diminuir algumas de suas compras inúteis, a mãe o fez escrever uma relação detalhada de como gastava a mesada. Um dia em que escrevia com muito esforço as suas contas, ele disse:

"Sabe mamãe? Desde que comecei a anotar tudo o que gasto, sempre penso bem antes de comprar alguma coisa…".

A mãe ficou toda contente pelo êxito do seu método, e ele completou:

"Eu nunca compro nada que seja difícil de escrever…".

Disponível em: https://www.sitededicas.com.br/piadas-infantis-cotidiano-das-criancas.htm.
Acesso em: 15 jun. 2021.

a. Reescreva o trecho destacado usando vírgula onde há um vocativo.

_____

_____

b. Leia a frase a seguir e faça o que se pede.

> Escreva, filho, uma relação detalhada de como gasta a mesada.

• Reescreva essa frase colocando a palavra **filho** no começo dela.

_____

• Reescreva essa frase colocando a palavra **filho** no final dela.

_____

c. A mãe estava preocupada com as "compras inúteis" do filho. Discuta com os colegas que tipo de compra pode ser considerada inútil na opinião da mãe.

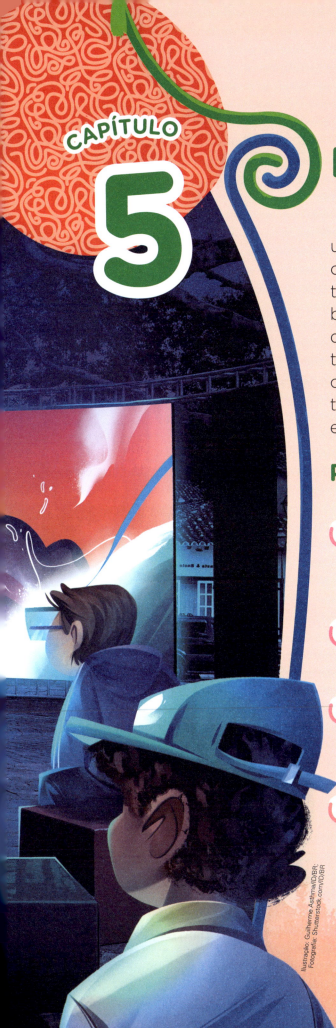

No cinema

Neste capítulo, você vai saber um pouco mais sobre a sétima arte: o cinema. Por meio dessa manifestação artística, podemos refletir sobre o nosso dia a dia, e sobre temas diversos, e vivenciar diferentes sentimentos e sensações. Além disso, o cinema funciona como uma importante ferramenta de entretenimento e de interação na sociedade.

Para começo de conversa

1. Observe a cena ao lado, analisando as personagens e o local em que elas estão. O que mais chamou sua atenção nela?

2. Para você, as personagens estão atentas à tela? Explique destacando elementos da cena.

3. Você já foi a um cinema? Em caso afirmativo, do que mais gostou? Se não foi, gostaria de ir? Conte aos colegas.

4. Em sua opinião, as histórias apresentadas em uma tela de cinema podem contribuir para exercitarmos a empatia?

Saber Ser

Ilustração: Guilherme Asthma/ID/BR; Fotografia: Shutterstock.com/ID/BR

Navegar na leitura

Antes de chegar às telas, os filmes passam por um longo processo. Em geral, as histórias nascem no papel, em um texto com estrutura própria, chamado roteiro. A seguir, vamos ler um trecho da história de uma senhora que sofre de perda de memória e encontra um novo amigo.

- Você já leu ou viu um roteiro?
- Observe a organização do texto a seguir. Ele lembra a organização de um conto ou a de um texto dramático (peça teatral)?

Dona Cristina perdeu a memória

CENA 1 – EXT/DIA – PÁTIO DA CASA DE ANTÔNIO

Mão de criança organiza minuciosamente bichos de brinquedo (boi, cavalo, camelo, porco, dinossauro) dentro de uma caixa velha de madeira.

CARTÃO: **CRÉDITO** DE APRESENTAÇÃO

Mãos de criança amarram cuidadosamente a caixa com os bichos na parte de trás de um velho triciclo.

CARTÃO: CRÉDITOS DOS ATORES

[...]

CARTÃO: DONA CRISTINA PERDEU A MEMÓRIA

No pátio dos fundos de uma casa de madeira, mãos de criança pegam uma tábua num monte de material velho e colocam-na num buraco entre duas outras tábuas equilibradas com latas. ANTÔNIO, 8 anos, termina de equilibrar a tábua completando a grande pista de rampas cuidadosamente construída com material de **sucata**.

Antônio pega um triciclo velho caído já preparado no início da pista. [...]

Antônio pedala muito compenetrado por todas as rampas e pontes.

> **crédito:** nome de pessoa envolvida na produção de um filme, agradecimento ou outra informação técnica sobre a filmagem.
>
> **sucata:** conjunto de coisas rejeitadas e jogadas no lixo; muitas podem ser reaproveitadas ou recicladas.

▲ O ator Pedro Tergolina em cena de *Dona Cristina perdeu a memória*. Esse filme foi dirigido por Ana Luiza Azevedo, no Brasil, em 2002.

Casa de Cinema de Porto Alegre/Arquivo da produtora

A madeira que foi colocada no início cai, derrubando Antônio, que fica irritado e olha imediatamente para os brinquedos que estavam na caixa. Todos os bichos estão espalhados no chão.

Antônio começa a juntar os bichos. Batidas de martelo chamam sua atenção.

DONA CRISTINA, 80 anos, está consertando a cerca de madeira que divide o pátio da casa de Antônio com o pátio ao lado. Dona Cristina arruma uma tábua, um martelo, pregos e outros materiais de marcenaria. Um relógio está pendurado numa madeira da cerca.

Antônio se aproxima e fica olhando Dona Cristina trabalhar, sem falar nada. Dona Cristina olha para Antônio, continua consertando a cerca. E olha novamente para Antônio um pouco impaciente.

DONA CRISTINA
Bom dia! Não te ensinaram a cumprimentar as pessoas quando tu te aproximas delas?

Antônio não diz nada. Apenas olha.

DONA CRISTINA
(um pouco mais doce) Como é o teu nome?

ANTÔNIO
Antônio.

DONA CRISTINA
Antônio! [...] Meu irmão é Antônio e a gente chamava ele de Toninho. Meu pai era Antônio e chamavam ele de Nico, meu avô

▲ Os atores Pedro Tergolina e Lissy Brock em cena de *Dona Cristina perdeu a memória*.

era Antônio e chamavam ele de Seu Tonico e meu bisavô era Antônio e chamavam ele de Coronel. Na verdade eu acho que é o único que o codinome parecia mais importante do que o nome. Porque os outros parecia que ficavam muito pequeninhos, não acha? Toninho, Nico, Tonico... Eu acho que Antônio tem que ser chamado de Antônio.

ANTÔNIO
O que que é codinome?

DONA CRISTINA
Codinome é um nome que a gente inventa quando a gente não quer que saibam o nome da gente. Por exemplo, meu nome é Maria Teresa Sipriana Schmidt Muller. Mas eu acho um nome muito grande que parece de uma velha bruxa, então digo pra todo mundo que meu nome é Cristina.

Dona Cristina termina de fazer o conserto, recolhe o material, coloca o relógio no pulso.

DONA CRISTINA

Já terminei o meu conserto, vou entrar porque tá na hora de eles me darem banho. Sabe que depois que você fica velho todo mundo começa a te tratar como um abobado, igualzinho como fazem quando a gente é criança sabe: **(falando em falsete)** oi, vozinha, como é que tá hoje? Olha, mas a cara tá bem rosada. Conseguiu fazer cocô?

> **falar em falsete:** falar com voz mais aguda do que o habitual.
>
> **alpendre:** pátio coberto.

Antônio acha graça.

DONA CRISTINA

(já saindo) Tchau, Antônio. E não deixa ninguém te chamar por um apelido. Antônio é um nome muito bonito. É um nome de homem de verdade.

Dona Cristina se dirige ao **alpendre** do asilo que Antônio tenta enxergar através de um buraquinho na cerca.

[...]

▲ O ator Pedro Tergolina em cena de *Dona Cristina perdeu a memória*.

Ana Luiza Azevedo; Jorge Furtado. Dona Cristina perdeu a memória, 2002. *Casa de Cinema de Porto Alegre*. Disponível em: http://www.casacinepoa.com.br/os-filmes/roteiros/dona-cristina-perdeu-mem%C3%B3ria. Acesso em: 25 jun. 2021.

Texto e contexto

Roteiros de cinema e outros textos dramáticos são escritos para os profissionais envolvidos na elaboração e na produção de um filme, um seriado, uma novela ou uma peça teatral. Todo mundo pode ler esses textos, mas eles não foram pensados originalmente apenas para serem lidos.

Muitas vezes, quando se fala em profissionais do cinema, da televisão e do teatro, as pessoas só se lembram dos atores, mas há muitos outros profissionais que trabalham na equipe artística: diretor, iluminador, fotógrafo, figurinista, cenógrafo, assistentes, etc. Essas pessoas se guiam pelo roteiro para fazer seu trabalho. Por exemplo, se no roteiro há a indicação de que determinada cena se passa à noite, os profissionais vão organizar a produção dessa cena com a iluminação adequada para o período noturno.

Ler para compreender

1 O texto que você leu é um roteiro e foi escrito para o cinema, com o objetivo de orientar os profissionais que vão trabalhar na produção do filme.

- Qual gênero textual também é escrito para ser encenado?

⬜ Notícia jornalística.　　　　　⬜ Texto dramático.

2 Observe as palavras escritas com letras maiúsculas. O que elas parecem indicar? Converse com os colegas e o professor.

3 No final do texto, em letras menores, há informações a respeito do texto lido. Circule o nome dos autores nesse trecho.

4 Uma cena é um trecho da história que se passa em determinado tempo e espaço e, em muitos casos, tem personagens atuando nela.

a. Quem são as personagens que atuam na cena?

_____

b. Em que espaço estão as personagens da cena?

_____

_____

5 De acordo com o roteiro, o que a atriz que interpreta dona Cristina deve fazer na cena? Converse com os colegas.

6 Algumas pessoas idosas sofrem perda de memória. Mas isso não quer dizer que todas as lembranças da pessoa são apagadas.

a. Que elemento do texto nos mostra que a personagem sofre de perda de memória mesmo antes de ler o texto?

_____

_____

Casa de Cinema de Porto Alegre/Arquivo da produtora

▲ A atriz Lissy Brock em cena de *Dona Cristina perdeu a memória*.

b. Dona Cristina se lembra de informações do passado? Explique.

_____

_____

_____

7 O roteiro indica o modo como dona Cristina se dirigiu a Antônio para conseguir a atenção dele. Circule essa indicação no texto.

a. O que o trecho circulado indica em relação à maneira como devemos nos dirigir às pessoas para conseguir a atenção delas? Converse com os colegas e o professor.

b. Em sua opinião, todas as pessoas idosas são tratadas de maneira adequada no dia a dia, na família ou fora de casa? Por quê?

8 Antônio não conhecia uma palavra usada por dona Cristina.

a. Que palavra é essa? O que ela significa de acordo com a personagem?

_____

_____

b. Sublinhe o trecho em que dona Cristina usa um exemplo pessoal para explicar melhor o sentido dessa palavra.

9 Releia este trecho do texto.

Já terminei o meu conserto, vou entrar porque tá na hora de eles me darem banho. Sabe que depois que você fica velho todo mundo começa a te tratar como um aboba-do, igualzinho como fazem quando a gente é criança sabe: (falando em falsete) oi, vozi-nha, como é que tá hoje? Olha, mas a cara tá bem rosada. Conseguiu fazer cocô?

Os atores Pedro Tergolina e Lissy ▶ Brock em uma cena do filme.

a. Por que dona Cristina compara o que dizem a ela com o modo como se fala com uma criança?

_____

_____

_____

b. Copie o trecho que indica o tom de voz usado por dona Cristina ao citar as perguntas que fazem para ela.

_____

c. O que dona Cristina acha do modo como passou a ser tratada ao envelhecer?

10 Os roteiros de cinema têm marcações e indicações específicas que orientam as filmagens. Releia o trecho inicial do roteiro.

CENA 1 – **EXT/DIA** – PÁTIO DA CASA DE ANTÔNIO
Mão de criança organiza minuciosamente bichos de brinquedo (boi, cavalo, camelo, porco, dinossauro) dentro de uma caixa velha de madeira.

a. A informação destacada indica que a cena se passa em ambiente:

⬜ diurno.   ⬜ noturno.   ⬜ aberto.   ⬜ fechado.

b. Como você compreende a abreviatura **EXT**? O que ela indica?

_____

_____

c. Por esse trecho, percebemos que o filme inicia com:

⬜ o diálogo entre dona Cristina e Antônio.

⬜ Antônio organizando seus brinquedos.

11 As informações do filme *Dona Cristina perdeu a memória* são organizadas em cartões. Ligue a informação à imagem correspondente.

Crédito dos atores

Título do filme

Imagem do início do filme

Tela que aparece no final

Casa de Cinema de Porto Alegre/Arquivo da produtora

Caminhos da língua

Verbo: infinitivo e conjugações

1 Leia as frases abaixo e observe os verbos destacados.

> Antônio **andou** de bicicleta toda a tarde.
> Antônio **anda** de bicicleta todos os dias.
> Cecília e Antônio **andaram** de bicicleta toda a tarde.
> Cecília e Antônio **andam** de bicicleta todos os dias.

- Por que o verbo **andar** está flexionado de maneira diferente em cada frase?

> Os **verbos** são flexionados de acordo com a pessoa (primeira pessoa, segunda pessoa ou terceira pessoa), o número (singular ou plural) e o tempo (presente, passado ou futuro).

2 Leia o que diz a personagem Armandinho nesta tira.

Alexandre Beck. *Armandinho sete*. São Paulo: Matrix, 2016. s/p.

a. Por que "dividir" é uma operação matemática que apavora uma turma?

_____

b. Os verbos destacados estão flexionados em tempo, pessoa e número?

◯ Sim.   ◯ Não.

c. Indique as duas letras finais dos verbos destacados na tira.

_____

> Quando os verbos não estão flexionados, eles estão no **infinitivo**. Na fala de Armandinho, os verbos **multiplicar**, **somar**, **subtrair** e **dividir** não indicam pessoa, nem número, nem tempo.

3 Complete o quadro com as palavras a seguir, de acordo com as duas letras finais de cada verbo.

dormir   parecer   tomar   resolver   partir   chorar

Infinitivo: verbos terminados em		
-ar	-er	-ir

> A conjugação de um verbo é indicada por sua terminação no infinitivo. Os verbos agrupam-se nas seguintes conjugações:
> - os verbos terminados em **-ar** pertencem à **primeira** conjugação;
> - os verbos terminados em **-er** pertencem à **segunda** conjugação;
> - os verbos terminados em **-ir** pertencem à **terceira** conjugação.
>
> Observação: O verbo **pôr** e outros verbos terminados em **-or** também pertencem à segunda conjugação.

4 Complete o diagrama com o infinitivo das seguintes formas verbais.

amarram   sairão   fazemos   parece

```
      O
_ _ R _ _ _
      G
_ _ A _ _ _ _
      N
      I
_ _ Z _ _
      A
_ _ _ R
```

Bruna Ishihara/ID/BR

● No diagrama, pinte as letras que indicam a conjugação dos verbos.

Dominó de palavras

Vamos jogar "Dominó de palavras"? Leia as instruções a seguir e divirta-se com os colegas.

Peças do jogo

Cada peça do dominó é dividida em duas partes. Em cada parte, há uma palavra colorida. O objetivo do jogo é combinar as partes com a mesma cor. Destaquem as peças das páginas 297 e 299. Colem essas peças em papel resistente e recortem-nas para poder jogar.

Bruna Ishihara/ID/BR

Modo de jogar

1. Organizem-se em grupos de três integrantes e coloquem as peças com as palavras viradas para baixo sobre uma mesa.

2. Distribuam sete peças a cada participante, deixando outras sete peças à disposição de todos como reserva. Definam quem começará o jogo.

3. O primeiro jogador deve colocar uma de suas peças na mesa com as palavras à mostra. Os demais, na vez deles, devem encaixar uma peça que tenha uma palavra da mesma cor das que estão nas pontas do jogo.

4. Caso o jogador não tenha uma peça compatível, ele deve pegar uma das peças de reserva. Se essa peça também não se encaixar, ele deve repetir a mesma ação até encontrar uma peça que se encaixe. Caso as peças de reserva acabem, o jogador deve passar a vez ao próximo participante. Vence quem encaixar todas as peças primeiro.

5. Ao final, analise o que as palavras de mesma cor têm em comum. Então, complete os espaços a seguir indicando o que cada cor revela.

   - Azul: _____ terminados em **-ar** (_____ conjugação).

   - Vermelho: _____ terminados em **-er** (_____ conjugação).

   - Verde: _____ terminados em **-ir** (_____ conjugação).

   - Rosa: _____ com final **-r**.

   - Amarelo: _____ sem final **-r**.

   - Cinza: _____ flexionados no presente, no passado ou no futuro.
   - Sem cor: peças sem palavras.

Olá, oralidade

Dramatização

Neste capítulo, você leu um texto dramático criado para o cinema. Agora, você vai ser o ator.

João Caldas/Espetáculo "Bruxas da Escócia" - Cia. Vagalum Tum Tum

◀ Cena da peça *Bruxas da Escócia,* encenada pela Companhia Vagalum Tum Tum.

Orientações para a produção

1. Com a ajuda do professor, selecionem um texto dramático para ser encenado. Pode ser uma peça completa, mais longa; uma peça curta, que possa ser encenada mais de uma vez por diferentes grupos de estudantes; ou, ainda, várias cenas curtas para serem apresentadas de modo independente umas das outras.

2. Antes de começar os ensaios, façam, com o professor, uma leitura dramatizada do texto.

3. Depois, definam os papéis e as falas de cada um.

4. Decidam se a peça terá cenário, se haverá figurinos específicos para as personagens, iluminação e sonoplastia (produção de efeitos sonoros).

5. Combinem com o professor onde, quando e para quem vão se apresentar e preparem o lugar com antecedência. A apresentação poderá ser na escola para estudantes de outras turmas. Outra opção é apresentá-la no dia do evento sugerido na seção *Vamos compartilhar!* do capítulo 6.

Preparação da fala

1. Memorize suas falas, lendo o texto várias vezes em casa para que possa se sentir seguro na hora da apresentação. Durante os ensaios, você pode usar o texto escrito como apoio para suas falas e consultá-lo caso se esqueça de algum trecho.

2. Fale com naturalidade e de forma clara. Cuide para que sua fala esteja adequada às características da personagem e ao sentido do texto no que diz respeito ao volume da voz, à entonação das frases (declarativas, interrogativas, exclamativas) e ao modo de dizê-las (devagar, mais rápido, serenamente, animadamente, etc.).

3. Fique atento às orientações presentes no texto e consulte-as sempre, pois elas podem conter informações sobre o modo de conduzir as falas e sobre outros aspectos ligados à encenação.

4. Verifique se há pontos da peça que podem favorecer uma interação com o público: olhar na direção da plateia; pausar a cena e falar diretamente com o público ou fazer perguntas aos espectadores; etc.

5. Trabalhe também as expressões faciais e corporais: modos de olhar, de sorrir, de chorar, de dançar, de cantar, fazendo uso até de cenas congeladas ou mesmo do silêncio quando ele for adequado à cena.

6. Ensaiem o suficiente para realizar uma apresentação segura e bem coordenada. Realizem a dramatização confiantes de que se prepararam para oferecer ao público um momento cultural bastante prazeroso.

Avaliação

Com a ajuda dos colegas e do professor, avalie seu desempenho na apresentação.

- As minhas falas foram claras e expressivas?
- Para uma nova dramatização, há algo que eu gostaria de aprimorar?
- O público parece ter se envolvido com a apresentação?
- Quais foram os pontos fortes na minha atuação? O que eu gostaria de destacar no processo de preparação da dramatização?

Estudo do dicionário

Consulta de verbos no dicionário

Neste capítulo, você observou que os verbos podem estar no infinitivo ou flexionados. Vamos ver como eles aparecem no dicionário?

1 Leia esta tira com as personagens Marcie e Patty Pimentinha. Uma curiosidade: a personagem Marcie sempre chama a amiga Patty de "senhor".

Charles M. Schulz. *Ninguém mais tem o espírito aventureiro*. Porto Alegre: L&PM, 2014. p. 105.

a. De acordo com a fala de Marcie, por que Patty está com os pés gelados?

_____

b. Qual é a sugestão de Marcie para resolver o problema de Patty?

_____

_____

c. Explique por que Marcie sugere à amiga que ande mais devagar.

_____

_____

2 Releia esta frase da personagem Patty, retirada do primeiro quadrinho.

Os meus pés **estão** gelados...

a. O verbo em destaque está flexionado ou está no infinitivo?

_____

b. Imagine que você vai consultar esse verbo no dicionário. Como espera encontrá-lo: flexionado ou no infinitivo?

_____

3 Forme dupla com um colega e façam o que se pede.

a. Cada um de vocês deve procurar no dicionário as formas verbais de uma das colunas abaixo.

Coluna A	Coluna B
estão esteve estará estar	vivemos viverás viver vive

b. Sublinhem, em cada coluna, a forma como o verbo é registrado no dicionário.

c. Conversem sobre as descobertas de vocês e completem a lacuna do parágrafo a seguir.

Bruna Ishihara/ID/BR

> No dicionário, os verbos são registrados no
>
> _____. Por exemplo: **dever**, **nevar**, **partir**.

4 Observe as formas verbais destacadas nestes trechos.

> Olha, senhor, **está começando** a **nevar**…
> […] **Acho** que a gente **pode embrulhar** os seus pés com as folhas dos gibis…
> […] eu **consigo ler** os seus pés.

a. Copie apenas as formas verbais que estão no modo como são encontradas no dicionário. Explique sua resposta.

_____

b. Como encontramos as outras formas verbais no dicionário?

_____

5 Leia o quadro a seguir e complete-o com a forma de cada verbo como aparece no dicionário.

Formas verbais	Formas registradas no dicionário
olha	
estão	
vendo	
começarão	

Navegar na leitura

No texto a seguir, você vai conhecer um pouco sobre a profissão de dublador, como é o trabalho desse profissional e como fazer para se tornar um.

- Leia o título e observe a organização do texto e as imagens que o acompanham. Você imagina de que gênero de texto se trata?

- Abaixo foi reproduzida a página do jornal *on-line* em que o texto foi publicado originalmente. Que informação é reveladora do gênero do texto?

ENTREVISTAS | 30 DE JANEIRO DE 2017

Profissão: dublador

Monalisa Delgado tem 36 anos e trabalha como dubladora. Ao longo de sua carreira, já dublou personagens como o Cutemon, do desenho *Digimon*, e o Komassan, no *anime Yokai*. [...]

Por que você decidiu virar dubladora?

Desde pequena queria fazer as vozes dos desenhos animados e, na época, me falaram que precisava ter diploma de ator. Como eu não tinha, acabei desistindo. Comecei, então, aos 15 anos, a fazer teatro.

▲ A dubladora Monalisa Delgado em foto de 2017.

Tinha um tio que era diretor e autor. Eu via as peças dele e ficava apaixonada. Depois de muitos anos fazendo teatro, resolvi tentar o mundo da dublagem.

> **anime:** desenho animado japonês adaptado de mangá (um tipo de história em quadrinhos japonesa).

Só que as escolas de dublagem são muito caras, por isso, resolvi falar com um conhecido de uma prima, o dublador Marcelinho Campos. Perguntei a ele se ele sabia como eu poderia conseguir bolsa pra fazer aula. Ele me disse que estava dando um treinamento pra uns amigos e que eu poderia ir se quisesse. É claro que eu fui. No final, ele gostou muito de mim e resolveu me dar aula de graça. Disse que eu tinha talento e que iria investir em mim.

Em que projetos de dublagem você já trabalhou?

Trabalhei nos desenhos *Digimon*, dublando o personagem Cutemon, e em *Yokai*, fazendo o personagem Komasan. Dei voz à personagem Stacie Andree no filme *Amor por direito* e dublei a Layla, na série *Nashville*. Também fiz o Emir, irmão da Sila, na novela *Sila*. Além disso, dublei o personagem Derick na série *Fuller house*, da Netflix.

Por que em dublagem, muitas vezes, mulheres dublam homens ou homens dublam mulheres? No desenho da Turma da Mônica, por exemplo, o Cebolinha é dublado por uma mulher.

Mulher tem a voz mais leve e algumas conseguem fazer meninos. Além disso, um ator pode fazer, em um mesmo filme, um adulto e uma criança. Nós podemos ter 3 dobras por trabalho.

Então você pode ter até 3 personagens em um mesmo filme?

Sim, se forem personagens pequenos.

Qual é a parte mais difícil de dublar um personagem?

O *sinc*, que é colocar a fala na boca da personagem. Tudo tem que ser feito muito rápido. Você tem no máximo três ensaios. Tem que olhar o texto no papel e ao mesmo tempo olhar o filme – e tem que ser rápido. Temos que gravar até 20 anéis, que são pequenos trechos de filme, em uma hora.

> **sinc (do inglês lip-sync):** na dublagem, é a ação de sincronizar a fala do dublador com os movimentos da boca da personagem.

Qual é a parte mais legal de ser dubladora?

É poder fazer vários personagens. No teatro ou na televisão, por exemplo, você fica limitado ao seu tipo (homem, mulher, jovem, idoso...). Na dublagem você pode fazer vários tipos de pessoas diferentes.

Que dicas você daria para quem quer seguir por essa carreira?

Eu acho que tem que estudar interpretação. Como eu já era atriz há muito tempo, já tinha experiência. Além disso, também tem que ter persistência, pois há muitas pessoas que trabalham nessa área e existe muita competição.

Monalisa Delgado/Arquivo pessoal

▲ Em cima da mesa está o roteiro, e, ao fundo, a tela projeta o filme a ser dublado.

Jornal Joca. Disponível em: https://jornaljoca.com.br/portal/profissao-dublador/. Acesso em: 18 mar. 2021.

Texto e contexto

Durante a entrevista, a dubladora menciona diversos filmes e séries dos quais participou exercendo sua profissão. O professor vai ler um pouco sobre essas produções. Ouça com atenção!

Ler para compreender

1 Preste atenção na maneira como a entrevista foi organizada e responda.

a. Quem faz as perguntas?

_____

b. Quem as responde?

_____

c. Que sinal de pontuação é usado para indicar as perguntas?

_____

d. Como foram diferenciadas falas do entrevistador e da entrevistada?

_____

e. Você sabe como os jornalistas registram as respostas em uma entrevista?

_____

_____

2 Que dificuldades Monalisa enfrentou no início de sua vida profissional?

_____

3 Releia este trecho da entrevista e responda: Segundo Monalisa, como fala e escrita se unem na dublagem?

Qual é a parte mais difícil de dublar um personagem?

O *sinc*, que é colocar a fala na boca da personagem. Tudo tem que ser feito muito rápido. Você tem no máximo três ensaios. Tem que olhar o texto no papel e ao mesmo tempo olhar o filme – e tem que ser rápido.

Bruna Ishihara/ID/BR

4 Observe, no texto, a foto do local de trabalho do dublador. Quais elementos estão relacionados ao ato de dublar?

_____

_____

5 Na fala espontânea, é comum usarmos palavras e expressões que não usaríamos em uma fala mais formal. Releia este trecho da entrevista.

> Ele me disse que estava dando um treinamento **pra uns amigos** e que eu poderia ir se quisesse. **É claro que** eu fui.

- Essa fala, mais solta e despretensiosa, foi mantida na entrevista escrita. Isso permite que o texto mostre ao leitor uma fala:

  ☐ mais natural e próxima da fala do público-leitor.

  ☐ muito distante da fala do público-leitor.

6 Imagine que, durante a entrevista, em sua fala, Monalisa Delgado usasse as expressões em destaque a seguir.

> **Ã... Deixe eu me lembrar... Puxa!... não consigo me lembrar... Só sei dizer que** ele me falou alguma coisa sobre uns amigos que ele conhecia... e podiam me dar uma oportunidade... **Bom, você acha que eu não iria, hein?** Eu fui.

a. O que as palavras e as expressões em destaque indicam?

_____

b. Reescreva a fala, mantendo o essencial para que a ideia seja transmitida.

_____

_____

c. Com os colegas, avalie: O texto reescrito por vocês no item **b** prejudicou o sentido do texto original? Explique.

> **Editar** uma entrevista significa transformar o conteúdo da conversa em texto escrito. Para produzir a versão final do texto, quem edita elimina as **marcas de oralidade** (expressões mais usadas na fala). Algumas publicações mantêm parte dessas expressões no texto final, pois indicam que o entrevistado riu, emocionou-se, gesticulou de determinada forma. Assim, o texto parece mais natural. Atenção: se houver muitas expressões como essas, a leitura pode se tornar cansativa.

Bruna Ishihara/ID/BR

Olá, oralidade

Entrevista

Em geral, as entrevistas ocorrem oralmente. A entrevista pode ser apresentada em programas de televisão, de rádio ou, ainda, na internet. Nesses casos, a entrevista pode ser ao vivo, isto é, realizada no momento em que o programa está sendo exibido, ou pode ser gravada com antecedência em estúdio. Nesta seção, você vai entrevistar uma pessoa com 60 anos ou mais.

Orientações para a produção

1. Organizem-se em grupos de cinco integrantes.

2. Escolham uma pessoa com 60 anos ou mais para ser entrevistada.

3. Elaborem, por escrito, cinco perguntas sobre a relação do entrevistado com o cinema. Vejam estas orientações.

   - Perguntem sobre quais são as atividades de lazer do entrevistado, investigando se os filmes estão entre essas atividades.

   - Perguntem ao entrevistado se gosta de ir ao cinema, quais são seus filmes preferidos, se existe um filme que marcou a vida dele, etc.

   - Verifiquem se o entrevistado conhece o direito, garantido por lei, que permite a pessoas com mais de 60 anos de idade pagar a metade do valor de um ingresso no cinema, no teatro e em outras atividades culturais.

4. Para que o trabalho possa ser realizado em dia e hora marcados, consultem previamente a pessoa a ser entrevistada, perguntando a ela se poderá conceder a entrevista, explicando qual é o assunto e dizendo que o material será divulgado na comunidade escolar.

Preparação da fala

1. Preparem-se para registrar a entrevista. As perguntas devem ser levadas por escrito, mas devem ser feitas oralmente ao entrevistado.

Ilustração: Davi Augusto/ID/BR
Fotografia: Shutterstock.com/ID/BR

2. Usem um gravador de áudio ou um celular para registrar a entrevista. Peçam orientação ao professor antes do dia marcado com o entrevistado para tirar as dúvidas.

3. No momento da entrevista, cada participante do grupo vai fazer uma das perguntas à pessoa entrevistada.

4. É importante que todos os integrantes do grupo respeitem sua vez de perguntar e evitem interromper os colegas e o entrevistado. Deixem que a pergunta seja totalmente respondida e ouçam, com atenção, a resposta do entrevistado. Caso seja necessário, peçam um tempo para checar a gravação e, se a resposta dada não estiver completa, solicitem, com educação, os esclarecimentos necessários.

Ilustração: Davi Augusto/ID/BR
Fotografia: Fernando Favoretto/
Criar Imagem

◀Criança entrevistando idoso e usando um gravador de áudio para registrar a entrevista.

5. Façam o encerramento da entrevista e lembrem-se de agradecer ao entrevistado pela colaboração.

6. Combinem com o professor uma data para que cada grupo faça a apresentação para toda turma da entrevista realizada. Se possível, convidem o entrevistado para assistir às apresentações na escola.

7. As entrevistas serão veiculadas no jornal radiofônico que será produzido no capítulo 6.

Avaliação

Sob a orientação do professor, conversem sobre a atividade.

- No momento da entrevista, senti mais segurança por ter as questões já prontas e anotadas?

- O entrevistado demonstrou que estava à vontade com as perguntas feitas e com o modo como o grupo conduziu a entrevista?

- O grupo mudaria algo no modo de conduzir a entrevista em uma outra oportunidade?

Caminhos da língua

Uso de **s**, **x** e **z**

1 Releia este trecho da entrevista observando as palavras em destaque.

> Desde pequena queria **fazer as vozes dos desenhos** animados e, na época, me falaram que **precisava** ter diploma de ator.

a. Nas palavras destacadas, as letras em vermelho representam o mesmo som ou sons diferentes?

_____

b. Que letras foram grafadas para representar esse som?

_____

_____

2 Agora, releia outro trecho da entrevista.

> Perguntei a ele se ele sabia como eu poderia **conseguir bolsa** pra fazer aula. [...] É claro que eu fui. No final, ele gostou muito de mim e **resolveu** me dar aula de graça.

● Leia as palavras destacadas em voz alta. Em qual delas a letra **s** representa o mesmo som que na palavra **desenho**? Circule-a.

3 Observe as palavras em destaque no trecho abaixo. Leia em voz alta.

> Como eu já era atriz há muito tempo, já tinha **experiência**. Além disso, também tem que ter persistência, pois há muitas pessoas que trabalham nessa área e **existe** muita competição.

a. Em qual das palavras em destaque a letra **x** representa o mesmo som que a letra **z** na palavra **azar**?

_____

b. Em qual palavra da sequência abaixo a letra **x** representa esse mesmo som? Circule-a.

xícara	tórax	táxi	exercício	máximo

4 Observe as palavras a seguir.

> corajo**s**o e**x**emplo certe**z**a
> e**x**igiu preci**s**o e**x**iste fa**z**endo
> di**z**er qua**s**e e**x**atamente a**z**ul
> e**x**ame co**z**inha de**s**erto vi**s**ita

a. As letras destacadas representam o mesmo som ou sons diferentes?

_____

b. Distribua essas palavras adequadamente no quadro a seguir.

Mesmo som, letras diferentes		
Palavras escritas com **z**	Palavras escritas com **s**	Palavras escritas com **x**

> Um único som pode ser representado, na escrita, por mais de uma letra. A letra **s** entre vogais tem o mesmo som representado pela letra **z** em palavras como **azeite**. Por exemplo: **casa**, **idoso**. Esse som também pode ser representado pela letra **x** entre duas vogais, como ocorre em **existe** e **exercício**.

5 Complete as palavras com **s**, **x** e **z**. Confira as respostas no dicionário. Cinco dessas palavras são escritas com **x**. Circule-as.

cru___eiro	avi___o	e___agerado	mole___a
e___ibir	ca___amento	paraí___o	e___ército
e___orbitante	fanta___ia	e___igente	desli___ar

Navegar na leitura

Leia o título do texto jornalístico abaixo, publicado no jornal *A Tribuna*, na cidade de Vitória, Espírito Santo. Depois, converse com os colegas sobre as questões a seguir.

- Você conhece a personagem mencionada no título do texto? Em caso afirmativo, conte aos colegas como você a conheceu.
- O que significa a expressão "nova versão", presente no título?

Nova versão de *Pinóquio* estreia esta semana nos cinemas

No filme que chega às telas quinta-feira (21), a história escrita há 130 anos ganha um tom mais real e encantador

Everett Collection/Fotoarena

▲ Cena do filme *Pinóquio*, de 2019.

Um carpinteiro solitário que sonha em ser pai faz, com perfeição, um boneco de madeira. E então a mágica acontece: ele ganha vida e sonha em ser um menino de verdade.

A história escrita há 130 anos por Carlo Collodi era um pouco **sombria**, mas ganhou tons mais leves, virou conto infantil e até ganhou uma versão da Disney para as telas. E está de volta aos cinemas, quinta-feira, em *Pinóquio*.

> **sombrio:** que demonstra falta de alegria, melancólico.
> **entalhar:** esculpir em madeira.

Agora, na versão do cineasta italiano Matteo Garrone, a história ganha um tom mais real, mas continua encantadora. Nela, Gepeto (vivido pelo vencedor de quatro Oscars em 1999 por *A vida é bela*, Roberto Benigni) tem o sonho de ser pai realizado pela Fada Azul, que dá vida ao boneco de madeira que **entalhou** com carinho.

Mas Pinóquio é um menino levado. E muito dado a mentiras. Cada vez que mente, seu nariz cresce. E, observado pela Fada, cada vez ele fica mais distante de seu sonho: ser um garoto de verdade.

A produção italiana [...] arrancou lágrimas do público.

"É [...] um filme popular para crianças dos 8 aos 80, apoiado numa das fábulas mais famosas do mundo", disse Roberto Benigni na época.

A trama

Desobediente ao pai, Pinóquio é manipulado por estranhos que o conduzem a uma série de confusões. Posto à prova uma e outra vez nas suas aventuras, ele terá de encontrar o caminho para concretizar o seu maior desejo: ser um menino de verdade.

Os personagens

Gepeto

Vivido por Roberto Benigni, é o criador e pai de Pinóquio, um carpinteiro solitário que cria lindas peças de madeira. Seu maior sonho é ser pai e, um dia, ele resolve fazer um boneco de madeira para lhe fazer companhia.

▲ Ator Roberto Benigni interpreta Gepeto no filme *Pinóquio*. Foto de 2019.

Fada Azul

O ser mágico é quem concede vida a Pinóquio e o ajuda nos momentos de necessidade. É ela também que tomará a grande decisão da história: se o boneco de madeira pode se tornar um menino de verdade.

◄ Atriz Marine Vacth interpreta Fada Azul no filme *Pinóquio*. Foto de 2019.

Ator Massimo Ceccherini interpreta Raposa no filme *Pinóquio*. Foto de 2019.

Os vilões

Raposa (na foto) e Gato, seu fiel comparsa, são ladrões **ardilosos**.

São eles que levam o pequeno Pinóquio para o Campo dos Milagres, para roubar as moedas de ouro do boneco. Massimo Ceccherini, também roteirista do filme, vive a Raposa na produção italiana.

Curiosidades

Lia para os pais

- No ano passado, no 70º Festival de Berlim, Roberto Benigni disse que sua relação com *Pinóquio*, o livro de Carlo Collodi, veio da infância. "Eu li sozinho quando era menino porque meus pais não sabiam ler, então eu lia para eles", contou o ator.

Quase faliu

- "Eu ainda posso posar com a honra de ser o único ator do mundo que interpretou Pinóquio e Gepeto na mesma vida, ainda que com resultado diferente", brincou Benigni, 67 anos, referindo-se ao desastre de bilheteria baseado na história do boneco de nariz grande que dirigiu e estrelou em 2002, que quase o levou à falência.

> **ardiloso:** esperto, enganador.
>
> **maquiagem protética:** técnica de maquiagem, envolvendo modelagem e pintura para criar certo efeito.

Enfim, o sucesso

- Dessa vez, o projeto no qual Benigni se envolveu foi um sucesso. Na Itália, *Pinóquio*, de Matteo Garrone, arrecadou quase 15 milhões de euros (cerca de R$ 95,5 milhões).

Menino de verdade

- O diretor Matteo Garrone optou por usar um menino (o ator Federico Ielapi, de 9 anos, na foto) para interpretar Pinóquio, com ajuda de **maquiagem protética**. "Eram quatro horas de maquiagem todos os dias. Era divertido", disse Ielapi no Festival de Berlim.

Federico Ielapi, de 9 anos, interpreta Pinóquio. Para isso, usa uma maquiagem protética. Foto de 2020.

Paula Dell'Isola. Nova versão de *Pinóquio* estreia essa semana nos cinemas. Jornal *A Tribuna*, 18 jan. 2021. s/p.

Ler para compreender

1 O texto apresenta informações sobre a estreia de um filme. Você já leu outros textos jornalísticos sobre o cinema? Onde?

2 Releia o trecho a seguir que aparece logo abaixo do título.

No filme que chega às telas quinta-feira (21), a história escrita há 130 anos ganha um tom mais real e encantador

a. Que informação desse trecho situa o leitor sobre a estreia do filme?

_____

b. O texto afirma que, originalmente, a história "era um pouco sombria". Sublinhe, no trecho acima, a informação que meciona as mudanças trazidas pela nova versão da história. Depois, responda.

• Qual é a avaliação dada a essa mudança?

_____

_____

• O que esse tipo de informação pode provocar nos leitores?

_____

3 Volte ao texto e encontre o trecho destacado em verde. Que expressão revela uma reação positiva do público ao filme?

_____

4 O texto jornalístico lido apresenta várias informações sobre o filme.

a. Em quais parágrafos há breves resumos da história de Pinóquio?

_____

b. O tópico "A trama" apresenta uma situação-problema vivida por Pinóquio na história. Que outras personagens citadas estão diretamente ligadas a essa situação-problema? Explique.

_____

_____

_____

c. Em "Curiosidades", é apresentada uma curiosidade relacionada a Roberto Benigni e seus pais. Resuma o que o ator relata nesse tópico.

_____

_____

d. Você acha que, ao saber da história de Benigni, os leitores podem sentir-se inspirados a fazer algo semelhante para outras pessoas?

5 Quem escreveu o texto jornalístico?

_____

6 Para produzir esse texto jornalístico, a jornalista pesquisou informações sobre as pessoas que fazem parte do elenco.

a. Um dos atores faz uma brincadeira ao mencionar a idade do público a que o filme se destina. Circule no texto o trecho em que isso ocorre.

b. Federico, que faz o papel de Pinóquio, precisou ser preparado por profissionais para ficar com aparência semelhante à de um boneco de madeira. Volte ao texto e sublinhe:

- com um traço, o trecho em que a jornalista se refere ao tipo de maquiagem aplicada para conseguir esse efeito;

- com dois traços, o que o garoto diz sobre esse assunto e o modo como ele lida com essa etapa do trabalho de ator.

c. No trecho que você sublinhou com dois traços na atividade anterior, que sinal gráfico indica a fala do menino?

_____

7 Em geral, textos como o que foi lido têm quais das características abaixo? Marque com um **X** as afirmações verdadeiras.

◯ Trazem informações sobre um fato.

◯ Costumam mostrar o nome do jornalista que os escreveu.

◯ Apresentam apenas opiniões.

8 Observe a foto da personagem Pinóquio apresentada na página 177.

a. Escreva duas características da aparência dessa personagem.

_____

b. Você gostou da forma como ela foi caracterizada? Por quê? Converse com a turma.

Navegar na leitura

O maior prêmio do cinema nos Estados Unidos é o Oscar. A seguir, leia o trecho de uma reportagem que aborda a desigualdade entre homens e mulheres em filmes ganhadores dessa premiação.

Personagens mulheres têm pouca voz nos filmes premiados com o Oscar, aponta levantamento da BBC

Em meio aos acalorados debates sobre igualdade de **gênero** em Hollywood, a indústria cinematográfica **anglófona** ainda não foi capaz de garantir a representatividade feminina no cinema, aponta uma análise realizada pela BBC a partir do chamado "teste de Bechdel", que **mensura** a participação de mulheres em obras de ficção.

Desde a primeira cerimônia do Oscar, em 1929 [...], a influência política e social das mulheres cresceu em muitas áreas, mas não tanto no cinema – pelo menos segundo os critérios do teste.

> **BBC:** sigla de British Broadcasting Corporation, emissora pública de rádio e televisão do Reino Unido.
> **gênero:** termo que se refere a homem e mulher, isto é, aos gêneros masculino e feminino.
> **anglófono:** de língua inglesa.
> **mensurar:** medir.

São os homens que têm voz na maioria dos vencedores de Oscar de melhor filme

Proporção de falas com mais de 100 palavras ditas pelos personagens

Ano e filme	Falas de mulheres – Falas de homens
2016, Spotlight – *Segredos revelados*	
2015, *Birdman* ou (*A inesperada virtude da ignorância*)	
2014, *12 anos de escravidão*	
2013, *Argo*	
2011, *O discurso do rei*	
2010, *Guerra ao terror*	
2009, *Quem quer ser um milionário?*	

Fonte: Hanah Anderson, The Pudding, BBC.

Um filme passa no teste de Bechdel se tem ao menos duas personagens femininas que conversem entre si pelo menos uma vez sobre algo que não seja um homem. [...]

Personagens mulheres têm pouca voz nos filmes premiados com o Oscar, aponta levantamento da BBC. *BBC News Brasil*, 04 mar. 2018. Disponível em: https://www.bbc.com/portuguese/geral-43250160. Acesso em: 18 mar. 2021.

Ler para compreender

1 A reportagem trata da diferença entre homens e mulheres em filmes que ganharam o Oscar. Essa diferença é em relação a qual aspecto?

_____

2 Observe o gráfico que acompanha a reportagem.

   a. Que elementos são comparados no gráfico?

_____

_____

_____

   b. Como cada elemento é representado?

_____

_____

_____

3 Observe o tamanho das barras que indicam as falas masculinas. Elas são maiores ou menores do que as barras que representam as falas femininas?

_____

4 Qual é o filme em que a voz feminina tem menor participação?

_____

_____

5 Segundo o gráfico, em que ano as mulheres tiveram maior representação entre os vencedores do Oscar?

▲ Atrizes costumam ter falas menores que seus colegas masculinos de elenco.

_____

_____

6 Em sua opinião, é importante combater a desigualdade entre homens e mulheres na sociedade? Por quê?

Dando asas à produção

Relatório de pesquisa com gráfico

Vamos pesquisar e divulgar na escola informações que revelem os gêneros de filme preferidos dos familiares da turma. Você e um colega assumirão o papel de pesquisadores para realizar esse trabalho.

O que vou produzir

Em dupla, vocês vão produzir um relatório de pesquisa. Ele deverá apresentar, na forma de um gráfico de barras, os dados obtidos por meio de entrevistas.

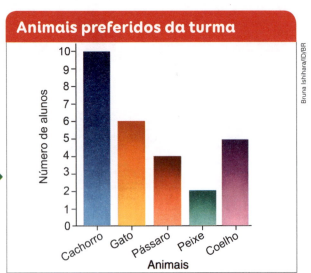

Gráficos de barras podem ser organizados ▶ com barras verticais (à direita) ou com barras horizontais (ver página 182). Eles ajudam a visualizar a quantidade dos elementos comparados: quanto mais longa a barra, maior quantidade tem o elemento indicado.

Orientações para a produção

1. Escolham, entre os familiares, quais serão as pessoas entrevistadas. Cada um de vocês deve entrevistar cinco pessoas.

2. Os principais gêneros de filme são: comédia, romance, aventura, drama, policial, suspense, terror e animação. Pesquisem algumas características de cada gênero e anotem as informações obtidas para explicar ao entrevistado, se necessário.

3. A cada entrevista, escrevam o nome da pessoa entrevistada e marquem o gênero de filme que ela escolher. Ela só poderá indicar um gênero como preferido.

4. Anotem a idade do entrevistado. Vocês podem agrupar as idades por faixa (por exemplo: até 11 anos, de 12 a 20 anos, de 20 a 30 anos, etc.).

5. Terminadas as entrevistas, juntem as informações da dupla.

6. Com base nos dados sobre as preferências de gêneros de filmes, façam um gráfico de barras que demonstre numericamente os resultados da pesquisa. Deem um título ao gráfico e insiram a fonte: Dados obtidos pela dupla, complementando com os nomes de vocês.

7. Escrevam a primeira versão do relatório, organizando o texto em três partes, conforme indicado abaixo.

- **Objetivo:** produzam um parágrafo explicando qual é o propósito da pesquisa, ou seja, o que foi investigado.

- **Procedimento e instrumento de coleta:** expliquem de que forma a pesquisa foi realizada, informando que a coleta de dados ocorreu por meio de entrevistas. Indiquem quantas pessoas foram entrevistadas e quais perguntas foram feitas. Em seguida, apresentem os dados por meio do gráfico de barras.

- **Comunicação dos resultados:** relatem a que conclusões a pesquisa permitiu chegar, destacando qual gênero de filme desperta mais interesse no público pesquisado, ou seja, qual foi o gênero mais votado. Se desejar, ressaltem também o gênero de filme que recebeu menos votos. Caso seja possível, tentem estabelecer uma relação entre as escolhas feitas e a faixa etária do público investigado.

8. Usem uma linguagem mais formal e impessoal. Não empreguem a primeira pessoa do singular para relatar a pesquisa.

9. Deem um título ao relatório, deixando claro o assunto da pesquisa.

Avaliação e reescrita

Troquem o relatório de pesquisa elaborado por você e sua dupla com o de outra dupla. Leiam o relatório dos colegas prestando atenção nos itens do quadro abaixo. Pintem **sim** ou **não** para o que foi feito.

1. O relatório está devidamente organizado em três partes: objetivo, procedimento e instrumento de coleta e comunicação dos resultados?	Sim	Não
2. O título revela o assunto do relatório?	Sim	Não
3. A linguagem do texto está adequada a um relatório?	Sim	Não
4. O texto está devidamente organizado em parágrafos e pontuado?	Sim	Não
5. O gráfico que apresenta os gêneros de filme preferidos está claro?	Sim	Não

Retomem o texto de vocês e devolvam o dos colegas. Analisem as avaliações feitas sobre o trabalho de vocês e definam quais alterações vão fazer no texto. Se possível, digitem a versão final do relatório.

Circulação do texto

- Publiquem o relatório em um mural na escola. Se possível, também, enviem-no por *e-mail* às pessoas que colaboraram com a pesquisa.

Navegar na leitura

Você gosta de assistir a filmes? O que prefere: assistir a filmes em casa ou no cinema?

Observe a imagem a seguir, que acompanha o texto. Depois, converse com os colegas sobre a questão abaixo.

- Na imagem, há algo escrito em letra cursiva. Localize essa informação e compartilhe com os colegas.

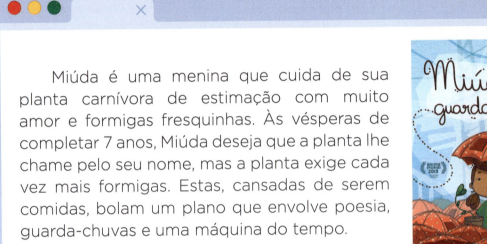

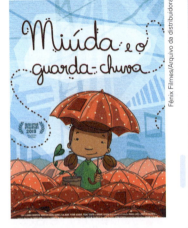

Miúda é uma menina que cuida de sua planta carnívora de estimação com muito amor e formigas fresquinhas. Às vésperas de completar 7 anos, Miúda deseja que a planta lhe chame pelo seu nome, mas a planta exige cada vez mais formigas. Estas, cansadas de serem comidas, bolam um plano que envolve poesia, guarda-chuvas e uma máquina do tempo.

Instituto Moreira Salles. *Miúda e o guarda-chuva*. Disponível em: https://ims.com.br/filme/miuda-e-o-guarda-chuva/. Acesso em: 9 abr. 2021.

Você já assistiu ao filme *Miúda e o guarda-chuva*? Esse filme foi exibido em alguns cinemas brasileiros. Observe com atenção o ingresso de um dos cinemas em que ele foi exibido.

- Você já tinha visto ingressos com esse formato? Se não, o que mais chamou a sua atenção nele? Compartilhe suas impressões com os colegas e também com o professor.

- Agora, compare as duas imagens. Há alguma informação que aparece tanto na imagem acima quanto na imagem do ingresso? Se houver, que informação é essa? Indique-a.

Ler para compreender

1 Você gosta de filmes de animação? Você costuma frequentar cinema? Se gosta de cinema e frequenta esse local, com quem costuma ir?

2 A segunda imagem da página anterior representa um ingresso de cinema. Em que outros lugares precisamos de ingresso para entrar?

3 O ingresso informa o local ou o nome do cinema em que o filme é exibido? Caso informe, copie essa informação abaixo.

4 Observe novamente a imagem do ingresso.

   a. Circule, na imagem, o nome do filme.

   b. O ingresso informa a data e a hora da sessão?

   c. Qual é o valor do ingresso?

   d. O nome do filme, o dia e o horário da sessão e o valor aparecem quantas vezes no ingresso?

5 No ingresso, há um código impresso que também pode ser encontrado em diversos objetos, como produtos de supermercados, livros, gibis, carnês, boletos bancários, etc.

   a. Você sabe qual é o nome desse código? Se sim, escreva-o abaixo.

   b. No ingreso, esse código está localizado em que parte?

Bruna Ishihara/ID/BR

Vocabulário

Esta seção apresenta o significado de algumas palavras que você viu ao longo do capítulo. Note que, às vezes, a palavra pode assumir mais de um sentido, dependendo do contexto em que é utilizada. Leia essas palavras em voz alta para verificar a pronúncia adequada.

alpendre \<al.**pen**.dre\>
Pátio ou varanda cobertos.
O alpendre do prédio é espaçoso.

ardiloso \<ar.di.**lo**.so\>
Característica daquele que tem habilidade de enganar, que é sagaz, perspicaz, que age com esperteza.
Armando é bastante ardiloso nos negócios.

crédito \<**cré**.di.to\>
1. Quantia de dinheiro a que se tem direito.
   Eu tenho crédito no cartão para gastar no supermercado.
2. Indicação de nome de pessoa envolvida na produção de filme, programa de TV, livro, projeto, etc.
   Os créditos finais do filme revelam que muita gente foi envolvida na produção.

dublador \<du.bla.**dor**\>
Ator que grava a fala de uma personagem no processo de dublagem de um filme, desenho animado, etc.
Os dubladores de desenho infantil costumam apresentar vozes diferentes e engraçadas.

entalhar \<en.ta.**lhar**\>
Ação de recortar ou escupir (madeira ou outro material) para fazer esculturas e gravuras ou para detalhar móveis.
Aquele artesão entalhou meu sobrenome nesse móvel.

falsete \<fal.**se**.te\>
Voz aguda emitida por pequena vibração das cordas vocais.
Os cantores de rock costumam usar falsete em suas composições e apresentações musicais.

sombrio \<som.**bri**.o\>
1. Local em que há pouca ou nenhuma luz, especialmente a luz solar; escuro.
   Aquela rua é muito sombria.
2. Que demonstra muita seriedade, carrancudo, severo, triste.
   Bruno costuma ser muito sombrio pela manhã.

sucata \<su.**ca**.ta\>
Material que se tornou imprestável ou de pouco valor, e que, muitas vezes, pode ser reaproveitado.
Em algumas ruas da cidade de São Paulo há muita sucata acumulada nas lixeiras.
Para criar esse brinquedo, usamos toda nossa criatividade, reaproveitando sucata e materiais recicláveis.

Ilustrações: Katharine Frota/ID/BR

Monstros do cinema, de Augusto Massi e Daniel Kondo. **Editora SESI.**

Esse livro-brinquedo apresenta 11 monstros do cinema, um levantamento histórico das personagens, seus respectivos filmes, a primeira vez que apareceram nas telonas e um panorama da evolução de suas diversas representações.

Cinema para crianças: entre no admirável universo de filmes, animações, diretores, atores e personagens da sétima arte. **Publifolhinha.**

Esse livro é um guia para quem quer se aventurar pelo universo do cinema. Ele apresenta a história da chamada "sétima arte", os gêneros que fazem mais sucesso e o processo de criação e produção de um filme, desde a escrita do roteiro até as telas do cinema. Também apresenta a história de alguns filmes clássicos e de personagens famosas. No fim da obra, há a proposta de uma atividade bem divertida: produzir seu próprio filme.

A invenção de Hugo Cabret, de Brian Selznick. **Edições SM.**

Hugo Cabret é um menino órfão que mora em uma estação de trem em Paris. Após o desaparecimento de seu tio, o garoto assume a tarefa de cuidar do grande relógio da estação, ao mesmo tempo que tenta finalizar a construção de uma máquina semelhante a um robô. Ao conhecer Isabelle, Hugo embarca em uma aventura que traz à tona a história de Georges Méliès, um dos precursores do cinema.

Aprender sempre

1 Leia a tira a seguir para responder às questões.

Quino. *Toda Mafalda*. São Paulo: Martins Fontes, 1993.

a. Observe a pergunta que a professora fez a Miguelito. Ele não a respondeu, mas qual seria a resposta correta para a pergunta?

_____

b. Pinte o verbo que Miguelito usou no infinitivo no segundo quadrinho.

c. Na última fala, Miguelito usa as formas verbais **pode** e **saído**. Qual é o infinitivo desses verbos? A que conjugação eles pertencem?

_____

d. Nessa última fala, Miguelito também usou as formas verbais **dar**, **telefonar**, **tiver** e **brincar**.

- Quais delas correspondem ao infinitivo? A qual conjugação pertencem?

_____

_____

- E qual é o verbo que não está no infinitivo? Qual é o infinitivo desse verbo e a que conjugação ele pertence?

_____

_____

2 A expressão da professora muda no último quadrinho ao ouvir Miguelito. O que sua nova expressão indica? Por quê?

- Qual é sua opinião sobre a atitude de Miguelito? Converse com os colegas e o professor sobre isso.

3 Veja a ilustração a seguir. Observe que o garoto sonha com suas tarefas diárias. Com base nas imagens do sonho, complete o quadro com a descrição dessas tarefas. Para isso, use os verbos no infinitivo.

Tarefas
Arrumar a cama.

Bruna Ishihara/ID/BR

4 Complete o diagrama com palavras que tenham as letras **s**, **x** ou **z** no meio. Para isso, leia as dicas abaixo.

● Palavras com **z**: nome de uma cor; filhote de vaca.

● Palavras com **s**: móvel que serve de apoio para comer ou estudar; o que se dá ou se ganha em datas especiais (palavra já escrita).

● Palavras com **x**: verbo que significa o mesmo que mostrar; muito cansado.

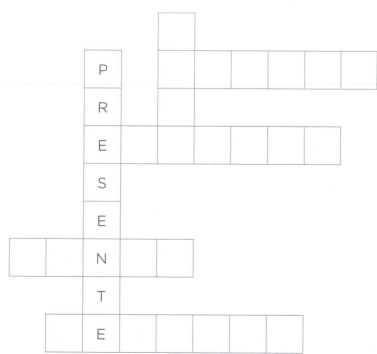

Ilustração: Guilherme Asthma/ID/BR; Fotografia: Shutterstock.com/ID/BR

Fique ligado!

A civilização humana utiliza o jornal como meio de comunicação há muito tempo. Ele surgiu como maneira de informar as pessoas sobre assuntos da vida cotidiana, sejam eles mundiais, nacionais ou regionais.

Com o passar do tempo, os formatos de jornal se diversificaram, em função das novas tecnologias e do modo de vida das pessoas. Hoje há jornais impressos e digitais.

Para começo de conversa

1. Observe a imagem ao lado. Onde as pessoas estão e o que elas estão fazendo?

2. Você tem costume de realizar a mesma atividade das pessoas da cena ao lado? Se sim, com qual frequência?

3. Onde é possível ler notícias sobre a sua região ou sobre o mundo?

4. Você costuma conferir se as notícias que você lê são baseadas em fatos reais? Se sim, com que frequência? Explique ao professor e aos colegas qual é a importância de saber se o que está lendo é verdadeiro ou não.

Saber
Ser

Navegar na leitura

Observe a reprodução da página abaixo. Depois, converse com os colegas e o professor sobre as questões propostas.

- Observando a composição da página, você sabe dizer de que veículo de comunicação ela faz parte?
- A página é composta de imagens e palavras. O que mais chamou sua atenção?
- Localize e circule na página o título da publicação.

Editorial de Arte/O Povo

CIDADES
Monitoramento de tartarugas marinhas em praias de Fortaleza volta a ser realizado
PÁGINA 16

FAROL
PREFEITURA DE FORTALEZA REALIZA CICLOFAIXA DE LAZER NESTE DOMINGO
PÁGINA 3

prévia: o que é previsto, esperado; pesquisa realizada para prever uma determinada informação.

PIB: sigla de Produto Interno Bruto. Indicador econômico que soma todos os bens e serviços produzidos em determinado período e local.

◀ Primeira página do jornal *O Povo* de 17 de outubro de 2020. O jornal apresenta notícias sobre o estado do Ceará.

Ler para compreender

1 A página reproduzida é de um jornal que circula no estado do Ceará.

a. Na página, com exceção do nome do jornal, que texto é apresentado com letras de tamanho maior?

_____

b. A frase de maior destaque em um jornal é a **manchete**. Qual é o objetivo de apresentar, em letras maiores, uma frase específica?

_____

_____

2 Quanto ao jornal em questão, há relação entre a manchete e o local em que a publicação circula? Se sim, qual?

_____

_____

3 Leia o texto que está logo abaixo da manchete.

> É o quarto mês consecutivo de crescimento do Estado pela prévia do Produto Interno Bruto divulgada pelo Banco Central. A média de agosto foi acima ainda da média do Nordeste.
>
> **ECONOMIA. PÁGINA 12**

- O texto acima é a **chamada**. Ele traz mais informações sobre o que diz a manchete? Explique sua resposta.

_____

_____

_____

_____

4 A manchete é o principal título do jornal. Ela está localizada no início ou no centro da página para chamar a atenção do leitor.

- Observe a manchete e os outros títulos de notícias presentes na página reproduzida. Em que tempo os verbos foram usados: no presente, no passado ou no futuro?

5 Para organizar as diversas matérias, os jornais as distribuem em **cadernos**, isto é, conjuntos de páginas que agrupam textos jornalísticos sobre determinado assunto. No fim da chamada apresentada na atividade **3**, lemos: "ECONOMIA. PÁGINA 12." Com essa informação, espera-se que o leitor:

☐ compre o jornal e leia apenas notícias sobre a cidade de Fortaleza.

☐ procure o caderno Economia no interior do jornal e, na página indicada, leia o texto sobre o assunto apresentado na chamada.

☐ leia, no caderno Economia, uma notícia diferente da que foi anunciada na chamada.

6 Reveja uma das fotografias que aparece na primeira página do jornal *O Povo*.

a. O que ela mostra?

_____

_____

b. Explique a função das fotografias que acompanham as chamadas.

_____

_____

CIDADES
Monitoramento de tartarugas marinhas em praias de Fortaleza volta a ser realizado
PÁGINA 14
O POVO

Editorial de Arte/O Povo

7 Observe como a primeira página do jornal está organizada.

• Uma informação contida nessa primeira página revela que *O Povo* é publicado há muito tempo, mostrando o jornal como um veículo de comunicação bem conhecido no Ceará. Que informação é essa?

_____

Na primeira página desse jornal, você observou textos curtos que recebem o nome de **chamadas**. A função da chamada é dar uma ideia do assunto que será desenvolvido em detalhes no interior do jornal. É por isso que, junto a ela, há a indicação da seção (ou do **caderno**) e da página em que a matéria pode ser encontrada.

As chamadas, e também as **fotografias**, ajudam a atrair a atenção do leitor, despertando nele o interesse pelos textos publicados no jornal.

8 Observe esta fotografia e a chamada que a acompanha.

FAROL
PREFEITURA DE FORTALEZA REALIZA CICLOFAIXA DE LAZER NESTE DOMINGO

PÁGINA 3

Editorial de Arte/O Povo

a. Em que caderno e página a chamada foi publicada?

b. A respeito do fato anunciado na chamada, que informações respondem às perguntas "O que aconteceu?" e "Quando aconteceu?"?

9 Uma das chamadas do jornal é: "Monitoramento de tartarugas marinhas em praias de Fortaleza volta a ser realizado". Leia o texto a seguir e, depois, responda às questões no caderno.

[...]

O Projeto Tamar foi criado em 1980 e hoje é reconhecido internacionalmente como uma das mais bem-sucedidas experiências de conservação marinha. Modelo para programas e projetos do Brasil e de outros países, sobretudo porque envolve as comunidades costeiras diretamente no seu trabalho socioambiental, o Tamar conta com a Fundação Pró-Tamar desde 1988 para apoiar os trabalhos de conservação e pesquisa.

[...]

Pesquisa, conservação e manejo das cinco espécies de tartarugas marinhas que ocorrem no Brasil, todas ameaçadas de extinção, é a principal missão da Fundação Pró-Tamar/Projeto Tamar [...].

Projeto Tamar/Arquivo da cedente

▲ Tartaruga monitorada pelo Projeto Tamar. Mata de São João (BA), 2018.

Missão. *Projeto Tamar*. Disponível em: https://www.tamar.org.br/interna.php?cod=63. Acesso em: 23 mar. 2021.

a. Em sua opinião, qual é a importância da notícia sobre o monitoramento das tartarugas marinhas se considerarmos projetos como o Tamar?

b. Que tipo de mudanças o trabalho de preservação dos animais pode provocar no modo como as pessoas pensam e vivem?

Caminhos da língua

Concordância verbal

1 Leia a reportagem sobre a prática de atividade física. Depois, complete as lacunas do texto com as palavras do quadro a seguir.

> contribui   explica   sugere   é   têm   correm

ESPORTES

Como praticar atividade física na quarentena?

Dicas para se movimentar enquanto não pode sair de casa

Por Joana Cataldo

Durante o período de isolamento, é comum nos movimentar menos do que o normal. Por isso, também _____ importante procurar se exercitar durante a quarentena.

"O exercício _____ para o bom funcionamento do organismo, a qualidade do sono e para que doenças **crônicas** sejam **retardadas**", _____ Ana Cláudia

> **crônico:** doenças que duram por muito tempo, que são irreversíveis.
> **retardada:** atrasada.

Couto, do departamento de educação física da Universidade Federal de Minas Gerais (UFMG). "Durante o isolamento, os estudantes não _____ no recreio, não _____ aula de educação física... Portanto, é fundamental que se exercitem em casa", completa.

Ana _____ que os jovens pratiquem exercícios físicos todos os dias, fazendo atividades simples, que possam ser praticadas dentro do espaço disponível na casa ou no apartamento.

Andrew Rich/iStock/Getty Images

▲ Crianças com roupas de ginástica.

Joana Cataldo. Jornal *Joca*, São Paulo, ed. 146, mar./abr. 2020.

a. Na reportagem, qual é a recomendação saudável dada pela especialista? Que contribuições essa recomendação oferece à vida das pessoas?

_____

_____

_____

b. As palavras que você encaixou no texto são **verbos**. Esses verbos indicam **ações** e **estados** no presente, no passado ou no futuro?

_____

2 Veja o cartaz a seguir. Ele divulga um evento relacionado a uma atividade bastante apreciada pelo público em geral.

Disponível em: http://tecsul.org.br/events/oficina-de-contacao-de-historias-eu-conto-tu-conta-nos-contamos-26/. Acesso em: 7 abr. 2021.

a. Qual atividade a pessoa retratada na imagem realiza?

_____

b. Sublinhe, no texto, a expressão que revela o tipo de evento divulgado e circule a data e o horário em que ele acontecerá.

c. Copie o título da oficina que será realizada.

_____

d. Que palavras indicam quem pratica a ação de contar histórias?

_____

3 Veja o texto do cartaz reescrito. Acrescente a palavra que falta.

> Eu conto, tu contas, ele conta, nós contamos,
>
> eles _____ histórias.

a. A que classe de palavras pertence a palavra que você usou para completar a frase? _____

b. O pronome **eles** está na forma singular ou plural? Por quê?

_____

c. O verbo que você colocou depois do pronome foi usado:

◯ no singular.   ◯ no plural.

4 Releia esta frase da reportagem. Sublinhe os verbos presentes no trecho e circule quem pratica as ações expressas por eles.

> Os estudantes não correm no recreio, não têm aula de educação física...

a. A expressão que você circulou está:

◯ no singular.   ◯ no plural.

b. Os verbos ligados a essa expressão estão conjugados:

◯ no singular.   ◯ no plural.

Leia as palavras destacadas nestas frases. Observe que os verbos concordam com a pessoa a que se referem: se a pessoa está no singular, o verbo fica no singular; se a pessoa está no plural, o verbo fica no plural.

Eu conto histórias.
↓   ↓
singular singular

A professora conta histórias.
↓   ↓
singular   singular

A aluna conta histórias.
↓   ↓
singular   singular

Elas contam histórias.
↓   ↓
plural plural

Nós contamos histórias.
↓   ↓
plural   plural

5 O texto a seguir apresenta uma maneira de brincar de pular corda e foi divulgado em um *site* de publicações relacionadas à infância. Conjugue cada verbo de acordo com a pessoa a que ele se refere. Reflita sobre qual é o tempo verbal mais adequado.

Dica

Os verbos estão na ordem em que devem ser escritos no texto.

ficar   ficar   estar   girar   precisar

Reloginho

Uma criança _____ no centro da roda com a corda e os outros participantes da brincadeira _____ em redor, formando um círculo. Quem _____ no meio _____ a corda bem rente ao chão e os demais _____ pular a corda sem deixá-la encostar na perna ou pés.

Pula num pé só: 7 brincadeiras com corda superdivertidas. *Lunetas*, 28 jul. 2017. Disponível em: https://lunetas.com.br/pula-num-pe-so-10-brincadeiras-diferentes-para-fazer-com-corda/#menu. Acesso em: 7 abr. 2021.

6 Leia esta frase presente no cartaz lido anteriormente.

Nós contamos. ⬜

O que foi dito na frase em destaque poderia ser expresso de outra maneira. Observe:

A gente conta. ⬜

a. Assinale a(s) frase(s) em que mais de uma pessoa conta histórias.

b. Complete o quadro a seguir usando as palavras **plural** ou **singular**.

Quando usamos o pronome **nós**, o verbo fica no _____.

Quando usamos a expressão **a gente**, o verbo fica no _____.
Esse pronome e essa expressão indicam mais de uma pessoa.

Navegar na leitura

A notícia a seguir foi publicada em uma revista impressa e digital destinada ao público infantil.

- Leia as informações que estão depois do texto. Elas correspondem à fonte da notícia que você vai ler. O que elas revelam?

Agora, leia a notícia inteira.

MEIO AMBIENTE

Oncinha abandonada

Filhote é encontrado em canavial no Mato Grosso do Sul

Um filhote de onça-parda de menos de um mês de vida foi encontrado recentemente em um canavial entre os municípios de Paraíso das Águas e Chapadão do Sul, no Mato Grosso do Sul. O animal foi resgatado pela Polícia Militar Ambiental da região.

As autoridades acreditam que a onça mãe fugiu por causa do barulho das máquinas do **canavial**, abandonando o filhote. A oncinha foi encaminhada ao Centro de **Reabilitação** de Animais Silvestres, em Campo Grande.

> **canavial:** plantação de cana-de-açúcar.
> **reabilitação:** recuperação.

A orientação da Polícia Militar Ambiental é que, antes de recolherem os filhotes que aparentemente foram abandonados pelas mães, as pessoas precisam se afastar do local e evitar fazer barulhos nas proximidades. Isso porque, geralmente, os animais adultos voltam para buscar os filhotes quando a situação de "estresse" termina.

Esse foi o primeiro filhote encontrado em 2020. Já no ano passado, foram três animaizinhos achados em canaviais da região.

Como o filhote era muito pequeno, uma das primeiras ações da polícia foi alimentá-lo com mamadeira de leite.

Revista *Qualé*, São Paulo, ed. 5, p. 2, 26 mar. a 13 abr. 2020.

Ler para compreender

1 Releia, na página anterior, o título da notícia e a informação apresentada logo depois dele.

a. Qual relação há entre o título e a frase que aparece logo abaixo dele?

_____

b. Que palavra dessa frase retoma a informação **oncinha**, indicando o motivo de esse termo ter sido usado no diminutivo?

_____

2 Releia o primeiro parágrafo do texto para responder às questões.

a. O que (ou **quem**) foi encontrado?

_____

b. Quando isso aconteceu?

_____

_____

c. Onde o animal foi encontrado?

_____

_____

d. Por quem ele foi resgatado?

_____

O texto que vem no início de uma notícia, depois do título, é chamado **lide**. O lide apresenta dados sobre o fato noticiado, respondendo a questões como "O quê?", "Quando?", "Onde?", "Como?" e "Por quê?".

3 Retome o segundo parágrafo da notícia. De acordo com a Polícia Militar Ambiental, por que, provavelmente, o filhote foi abandonado?

_____

4 Que outro título você daria a essa notícia e que outra fotografia poderia acompanhar o texto?

_____

Navegar na leitura

Agora, você vai ler uma notícia que tem um detalhe especial: o acontecimento informado envolve personagens de histórias bem antigas, que provavelmente você conhece. Faz parte do livro *Era uma vez: urgente!*.

- Identifique o caderno de jornal em que a notícia foi publicada.
- Agora, leia o título da notícia, observando a palavra **caso**. A que situações essa palavra costuma se referir?
- Leia a primeira frase da notícia e sublinhe o acontecimento noticiado.

CADERNO POLICIAL

Solucionado o caso do estranho vendaval na floresta

Durante a tarde de ontem, uma estranha e forte ventania, vinda do Oeste, derrubou árvores, destruiu duas casas e deixou todos os habitantes da floresta muito preocupados. Cícero, a primeira vítima desabrigada, relata que o vento, além de espalhar toda a sua casa, era bem capaz de devorá-lo. Apavorado, correu para a casa do seu irmão do meio. No entanto, esse lar seria o segundo a subir aos céus.

O dono da segunda casa, portanto, a próxima vítima do desastre, contou que, de repente, era pau, era pedra, parecia o fim do caminho. Desesperados e temendo que a floresta toda acabasse num só sopro, os dois irmãos colocaram o rabinho entre as pernas e, mais que depressa, buscaram proteção com o irmão mais velho, que foi o único a fazer uma casa de alvenaria.

Meteorologistas do Reino se preparavam para explicar que esse fenômeno poderia ter sido causado pelo **aquecimento global** quando uma surpresa mudou o rumo da história. Uma testemunha (que não quis se identificar) foi, com seu capuz vermelho, sozinha pela estrada afora até a delegacia para delatar o autor de tamanha crueldade. De acordo com o retrato falado descrito pela testemunha, o suspeito tem orelhas grandes para ouvir melhor, olhos enormes para enxergar melhor e uma boca que, de tão grande, é bem capaz de destruir tudo ao bufar e soprar.

Na noite de ontem, o ministro da Defesa Civil do Reino Encantado tranquilizou os habitantes da floresta: foi preso, disfarçado de vovozinha, o Lobo Mau.

> **vendaval:** vento muito forte.
> **alvenaria:** construção feita com blocos de pedra.
> **aquecimento global:** aumento da temperatura média do planeta, provocado pela poluição e pelo desmatamento.

Anvimar Gasparello e outros. *Era uma vez*: urgente! Curitiba: InterSaberes/MiniSaberes, 2013. p. 6-7.

Bruna Assis Brasil/ID/BR

Ler para compreender

1 Certamente você reconheceu algumas das personagens mencionadas na notícia lida.

a. Em quais contos elas aparecem?

_____

b. Quais dessas personagens foram mais atingidas pelo fato informado?

_____

2 Releia o título da notícia e responda: A que fato da história original se refere o vendaval mencionado no título?

_____

_____

_____

3 Qual personagem de outro conto denunciou o suspeito de ter provocado o problema?

_____

● Copie o trecho que esclarece por que a personagem teve essa suspeita.

_____

_____

_____

4 A notícia lida é: ☐ real. ☐ fictícia (inventada).

5 Imagine que você trabalha em um jornal que vai publicar essa notícia. Crie uma imagem e escreva uma legenda para ilustrar o trecho a seguir.

Cícero, a primeira vítima desabrigada, relata que o vento, além de espalhar toda a sua casa, era bem capaz de devorá-lo. Apavorado, correu para a casa do seu irmão do meio. No entanto, esse lar seria o segundo a subir aos céus.

_____

_____

6 Releia o título e o primeiro parágrafo da notícia.

a. Onde se passou o vendaval noticiado?

_____

b. Copie do texto a informação que indica quando ocorreu o fato.

_____

7 Embora traga acontecimentos de uma história criada na imaginação, essa notícia menciona uma profissão e um cargo público que fazem parte da realidade atual. Releia os dois últimos parágrafos da notícia e identifique essa profissão e o cargo público.

8 Na notícia, afirma-se que os profissionais mencionados pretendiam explicar que um problema da realidade atual poderia ter provocado o vendaval noticiado.

a. Que problema é esse?

_____

◀ Desmatamento na Amazônia brasileira. Uma das causas do aquecimento global é o desmatamento das áreas naturais. Quando se remove uma grande área de vegetação, responsável pelo controle das temperaturas, isso pode provocar um desequilíbrio do clima.

b. Por que a explicação não foi dada?

_____

9 Releia a notícia e assinale a alternativa que apresenta um grupo de palavras que combina com as notícias publicadas no caderno policial dos jornais.

☐ floresta – árvores – ventania – vento – céus

☐ casa – lar – dono – Reino Encantado – Lobo Mau

☐ caso – vítima – testemunha – delegacia – retrato falado

Palavras e expressões usadas para retomar informações

1 Ao escrever um texto, para evitar a repetição de palavras, costuma-se substituí-las por outras que se referem aos mesmos termos. Leia este texto, que dá instruções de como brincar com o jogo Pong Hau Ki.

PONG HAU KI

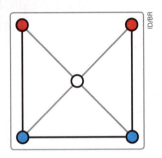

Apesar do nome difícil, esse jogo de origem chinesa é bem simples e **seu** tabuleiro, mais fácil ainda de fazer em casa. Tem a forma de um X, com as extremidades inferiores e laterais unidas. Já as peças dos jogadores (duas para cada um) podem ser improvisadas com diferentes objetos. Para começar, as peças de um jogador são colocadas nas duas extremidades superiores do tabuleiro e as do adversário nas casas inferiores. Cada jogador deve mover sua peça pelas linhas do tabuleiro com o objetivo de encurralar as peças do adversário até que elas não possam mais se mover.

Revista *Qualé*, São Paulo, ed. 6, p. 1, 13 a 27 abr. 2020.

a. Esse é um texto instrucional. Que instruções ele dá a quem o lê?

_____

b. Pinte a alternativa que corresponde ao tipo de jogo apresentado. Depois, circule no texto a palavra que justifica a sua resposta.

> eletrônico   de tabuleiro   de cartas

c. Observe a palavra **seu** em destaque no início do texto. Ela se refere a um substantivo apresentado antes e foi usada para evitar a repetição dele. A qual substantivo ela se refere?

2 No final do texto, há a seguinte instrução:

> Cada jogador deve mover sua peça pelas linhas do tabuleiro com o objetivo de encurralar **as peças** do adversário até que elas não possam mais se mover.

- Qual palavra é usada para retomar o trecho destacado, substituindo-o?

_____

3 Observe uma versão reescrita do trecho que explica o início do jogo.

> Para começar, **as peças dos jogadores** têm de ser colocadas no tabuleiro. Mas _____ devem ser postas da seguinte maneira: nas extremidades superiores, as de um jogador e, nas extremidades inferiores, as do adversário.

a. Para completar a lacuna, pinte a melhor opção a ser usada no lugar da expressão em destaque, evitando sua repetição.

| elas | as quatro peças |

b. Observe as expressões a seguir e marque com um **X** aquelas em que o substantivo **peças** está implícito, ou seja, ainda que não esteja escrito, conseguimos perceber sua presença.

☐ No tabuleiro.　　☐ As de um jogador.　　☐ As do adversário.

c. De que forma o substantivo **peças** poderia ser inserido nessas expressões? Reescreva-as.

---

4 Releia o início do texto, ao qual foi acrescida uma lacuna.

> Apesar do nome difícil, esse jogo de origem chinesa é bem simples e seu tabuleiro, mais fácil ainda de fazer em casa. _____ tem a forma de um X, com as extremidades inferiores e laterais unidas. Já as peças dos **jogadores** (duas para cada um) podem ser improvisadas com diferentes objetos.

a. Escolha o pronome que pode ser usado na lacuna acima. Pinte-o e, depois, preencha a lacuna.

| Ela | Eles | Ele |

b. Esse pronome está no lugar de qual substantivo?

---

c. Utilizar um pronome não é a única maneira de evitar a repetição de palavras. É possível também usar outro substantivo que se refira ao mesmo termo. Por exemplo, que outra palavra poderia ser empregada no lugar de **jogadores**, destacada no trecho?

☐ participantes　　☐ grupos　　☐ tabuleiros

5 Na página 201, você leu o texto "Reloginho", sobre uma forma de brincar de pular corda. Releia-o a seguir.

Reloginho

Uma criança fica no centro da roda com a corda e os outros participantes da brincadeira ficam em redor, formando um círculo. Quem está no meio gira a corda bem rente ao chão e os demais precisam pular a corda sem deixá-la encostar na perna ou pés.

Bruna Assis Brasil/ID/BR

a. A segunda frase desse texto começa com "Quem está no meio". Marque com um **X** a alternativa que apresenta o conteúdo retomado por essa informação.

	Participantes que ficam em redor.
	Criança que fica no centro da roda.

b. Pode-se usar outro substantivo para evitar a repetição de palavras. Observe, em paralelo, o trecho inicial de cada uma das duas frases do texto e o substantivo em destaque.

Começo da 1ª frase	Uma criança fica no centro da roda
Começo da 2ª frase	Quem está no **meio**

• Qual substantivo da primeira frase a palavra **meio** está substituindo, evitando sua repetição?

_____

c. Qual expressão foi empregada no texto para se referir ao trecho "os outros participantes"?

_____

Para evitar repetições, podemos retomar um termo usando outro que nos ajude a perceber a que ele se refere.

Podemos usar tanto um **substantivo** para nos referir a outro já mencionado, substituindo-o, como também alguns **pronomes**, retomando algo citado anteriormente.

Caminhos da língua

Para escrever palavras e expressões

Às vezes, podemos ter dúvidas sobre como escrever corretamente algumas palavras ou expressões. Existem termos que se parecem, mas significam coisas diferentes e são escritos de modos distintos. Faça as atividades a seguir para descobrir mais sobre isso.

1 Veja os termos em destaque nas frases a seguir. Eles são semelhantes na pronúncia, mas significam coisas bem diferentes.

A **gente** gosta de brincar de corda todos os dias.

O **agente** de saúde acompanhou o tratamento de crianças e adultos do bairro.

Bruna Assis Brasil/ID/BR

a. Qual dos termos em destaque significa o mesmo que **nós**? Ele é formado por uma ou mais palavras?

_____

b. Qual dos termos em destaque nomeia a pessoa que atua em nome da administração pública? Ele é formado por uma ou mais palavras?

_____

c. Complete as frases com um dos termos abaixo.

a gente   agente

- O _____ da polícia do Reino Encantado investigou o caso do vendaval na floresta.

- Toda _____ da floresta ficou sabendo dos fatos.

- _____ ficou sabendo do vendaval ao ler o caderno policial.

- O Lobo Mau se fantasiou de vovozinha. Será que ele era apenas um bom ator ou era um _____ secreto? Bem que _____ queria saber...

2 Observe outras palavras e expressões para saber de que maneira elas são escritas.

a. Releia este parágrafo da notícia sobre o vendaval.

> O dono da segunda casa, portanto, a próxima vítima do desastre, contou que, de repente, era pau, era pedra, parecia o fim do caminho. Desesperados e temendo que a floresta toda acabasse num só sopro, os dois irmãos colocaram o rabinho entre as pernas e, mais que depressa, buscaram proteção com o irmão mais velho, que foi o único a fazer uma casa de alvenaria.

- Que expressão, nesse parágrafo, significa **subitamente**, **inesperadamente**? Circule essa expressão.

b. Reveja outra passagem da notícia.

> Uma testemunha [...] foi, com seu capuz vermelho, sozinha pela estrada afora [...].

Bruna Assis Brasil/ID/BR

- Que termo significa **adiante**? Circule-o.

3 Agora, você tem um desafio. Reveja a ilustração da notícia da página 205. Abaixo, leia as frases que a descrevem. Descubra as palavras ou expressões que faltam para completar essas frases. Para cada caso, há uma dica.

a. Os três porquinhos estão dentro de casa. As outras personagens estão indo _____ do local.

> **Dica**
> O termo indica afastamento, saída de um local.

b. _____ os porquinhos olhavam a cena assustados, o Lobo foi levado por dois valentes policiais.

> **Dica**
> O termo indica algo que acontece ao mesmo tempo que outra ação.

c. Há duas personagens capturando o Lobo. Elas estão _____ do animal. Os porquinhos estão espiando a cena _____ da porta e das janelas.

> **Dica**
> Os termos indicam posição.

d. Disfarçado de vovozinha, o Lobo foi preso, _____ ele está emburrado.

> **Dica**
> A expressão indica uma explicação.

Desafio jornalístico

Faça a correspondência entre as ilustrações e as manchetes. Em seguida, complete as legendas com termos estudados na seção anterior.

Atchim espirrou demais _____ gravavam a propaganda.

Lobo Mau vai _____ e deixa porquinhos a ver navios.

Princesa resolve imitar Chapeuzinho, seguindo pela estrada _____.

Noiva não teve receio de revelar sua história _____ dos convidados.

Lobo Mau deixa porquinhos sem casa!

Os porquinhos já entraram com ação na justiça.

Tudo começou com um sapatinho...

Na cerimônia de seu casamento, Cinderela abre o coração e conta tudo!

Exclusivo: a Bela sonâmbula!

Flagramos a Bela Adormecida andando de madrugada no jardim do castelo.

Atchim grava propaganda de remédio contra resfriado

"A ideia surgiu quando percebi que ele espirrava muito", disse o publicitário.

Ilustrações: Bruna Assis Brasil/ID/BR

Olá, oralidade

Fala pública: jornal radiofônico

Não é apenas no meio impresso que as notícias circulam. Os jornais radiofônicos, produzidos e transmitidos por canais de rádio, são muito presentes no dia a dia de parte da população.

Nesta atividade, imagine que você é um jornalista e apresentará um jornal de rádio. Esse jornal será gravado e, depois, transmitido à turma.

Ilustração: Davi Augusto/ID/BR
Fotografia: Shutterstock.com/ID/BR

Orientações para a produção

1. De acordo com a orientação do professor, formem grupos com os colegas. Escolham um tema de notícia para cada integrante do grupo, por exemplo: cultura (cinema, livros, teatro, etc.) ou esporte (futebol, tênis, basquete, etc.). Cada participante do grupo deve pesquisar uma notícia escrita sobre o tema escolhido.

2. Analisem alguns jornais radiofônicos para observar de que modo os jornalistas informam as notícias. Para isso, combinem com o professor quais jornais vocês vão ouvir. Ao ouvir os jornais radiofônicos, observem e anotem os seguintes aspectos:

   - Como o programa começa? Há uma música de abertura? Os jornalistas cumprimentam o ouvinte e dão os destaques do programa?

   - As notícias são apresentadas de modo resumido ou mais detalhado?

   - Como é a linguagem usada pelos locutores? É uma linguagem mais familiar ou mais formal?

   - Como é o tom de voz dos locutores? Eles usam sempre o mesmo tom ou costumam variar, enfatizando algumas palavras?

   - De que forma os jornalistas finalizam o jornal? Eles se despedem do ouvinte?

3. Definam o papel de cada integrante do grupo no jornal radiofônico. Quem serão os locutores? Qual deles iniciará o jornal?

4. Criem um nome divertido e atrativo para o jornal e, com o professor, decidam se haverá alguma música breve, como uma vinheta, para iniciar e encerrar o programa.

Preparação da fala

1. Leiam com atenção as notícias escritas selecionadas. Elas precisam ser transformadas em notícias a serem faladas. Para isso, identifiquem, em cada uma delas, as informações fundamentais a serem transmitidas. Sigam estas dicas:

   - Reconheçam os trechos da notícia que respondem a estas perguntas: O que aconteceu? Com quem, onde e quando?
   - Anotem essas informações de modo que o texto fique resumido, mas claro e objetivo, fácil de ler e de compreender.

2. Leiam em voz alta cada notícia, verificando se o texto está adequado para a fala. Ele deve parecer natural e conter as informações necessárias para o ouvinte compreender o fato ocorrido.

3. Ensaiem as falas. Pronunciem bem as palavras e não se apressem na leitura. Ler muito rápido pode levar o público a não entender o que vocês estão dizendo.

4. Sigam a ordem definida para a apresentação das notícias. Exibam também no jornal a entrevista que foi produzida e gravada na seção *Olá, oralidade* do capítulo 5 (página 173). Verifiquem em que momento do programa ela será inserida.

5. Para gravar o jornal, vocês vão precisar de um celular ou de um gravador de áudio. Escolham um lugar silencioso para fazer a gravação, a fim de evitar que ruídos externos sejam captados pelo aparelho. Enquanto o locutor estiver falando, o restante do grupo deve fazer silêncio.

6. Combinem com o professor a data em que os jornais gravados serão transmitidos à turma. Eles também poderão ser disponibilizados no *blog* ou no *site* da escola.

Ilustração: Davi Augusto/ID/BR
Fotografia: Shutterstock.com/ID/BR

Avaliação

Converse com o professor e os colegas e, com base nas perguntas a seguir, avaliem os jornais radiofônicos da turma.

- Como foi iniciado o programa?
- Qual foi a linguagem utilizada pelos locutores?
- Como foi finalizado o jornal radiofônico?

Relatem também como se sentiram durante a apresentação: no papel de locutores e no de ouvintes.

Dando asas à produção

Notícia

Muitas escolas envolvidas em projetos sociais promovem eventos ou desenvolvem atividades relacionadas a eles.

Na escola em que você estuda, existe alguma iniciativa ou projeto do qual sua turma participa? Já aconteceu algum evento ou ação que podem ser transformados em notícia?

O que vou produzir

Sua tarefa é escrever uma notícia sobre um projeto ou um fato ligado à escola. Pode ser algo que aconteceu há pouco tempo, que está acontecendo agora ou que logo vai ocorrer. Por exemplo, uma apresentação, um trabalho promovido por outras turmas da escola, uma festa ou uma ação que colabore para o bem da comunidade escolar ou da região.

Seu texto será publicado no mural da escola e ficará exposto para que as pessoas se informem sobre o fato noticiado.

Orientações para a produção

1. Com o apoio do professor, pesquise ações e projetos da escola. Escolha o fato a ser noticiado e reúna informações sobre ele. Converse com os coordenadores e outros funcionários se for preciso.

2. Selecione as informações mais importantes para que o leitor compreenda a notícia. Elas devem ser organizadas na parte inicial do texto e responder às seguintes perguntas.

   - O que aconteceu ou vai acontecer?
   - Quando? Com quem? Onde?
   - Por que esse fato ocorreu ou vai ocorrer?

3. Escreva a primeira versão do texto, respondendo a essas perguntas. Atenção: o texto deve ser organizado em parágrafos. Se o texto estiver longo, faça um resumo, conforme você aprendeu no capítulo 3. Se estiver curto, acrescente detalhes que o leitor pode considerar interessantes ou úteis.

4. Se houver uma imagem ligada ao projeto noticiado, verifique se você pode reproduzi-la na notícia. Por exemplo, se a ação noticiada for uma feira de ciências que já ocorreu, veja se há fotos do evento que possam ser publicadas. Nessa etapa, junte a imagem ao texto, mas não a cole ainda no papel, porque você escreverá uma segunda versão do texto.

5. Pense em um título (ou manchete) para a notícia, ligado diretamente ao fato divulgado. Com ele, você vai atrair a atenção do leitor para seu texto. Algumas notícias têm título e subtítulo. O título traz a informação principal do assunto, e o subtítulo acrescenta algum dado.

6. Ao escrever, lembre-se de que o verbo deve concordar com a pessoa a que se refere.

7. Observe se o texto apresenta muitas repetições de palavras. Se isso ocorrer, substitua algumas palavras por pronomes ou por outro termo que faça sentido no texto.

Avaliação e reescrita

Troque de notícia com um colega. Leia o texto dele, prestando atenção nos itens do quadro abaixo, e pinte **sim** ou **não** de acordo com sua avaliação do texto.

1.	As perguntas "O que aconteceu ou vai acontecer?", "Quando?", "Onde?" e "Com quem?" foram respondidas no início da notícia?	Sim	Não
2.	O texto apresenta fatos, ações, lugares e detalhes importantes para o leitor compreender o que é noticiado?	Sim	Não
3.	O título ou a manchete desperta a curiosidade do leitor?	Sim	Não
4.	O texto está organizado em parágrafos?	Sim	Não
5.	Os sinais de pontuação foram usados para tornar a leitura adequada?	Sim	Não
6.	Os verbos concordam com a pessoa a que se referem?	Sim	Não

Devolva o texto ao colega e mostre a avaliação para ele. Pegue de volta sua notícia avaliada. Converse com o colega sobre outras sugestões que ele queira dar para aprimorar seu texto. Verifique se ele precisa de mais alguma explicação sobre a avaliação feita por você. Levando em conta a avaliação, faça as modificações necessárias no texto, acrescentando ou reescrevendo trechos.

Por fim, escreva o texto final no papel para publicação. Cole a foto, se houver, ou ilustre-o. Se preferir, digite e ilustre a notícia usando os recursos gráficos de um computador.

Circulação do texto

- Publique a notícia no mural da sala de aula ou da escola. Você também pode publicá-la em um *site* ou *blog* da turma caso haja um.

Bruna Assis Brasil/ID/BR

Convivência entre gerações: sessão de cinema e muita conversa

Conviver com pessoas de outras gerações é sempre enriquecedor. Trocar experiências de vida e afetos e compartilhar histórias significa dar a si e ao outro a oportunidade de falar e ouvir.

Com o professor, você e a turma vão planejar e organizar uma sessão de cinema. Os convidados serão os familiares e conhecidos com mais de 60 anos de idade.

Organizando a sessão de cinema

1. Vocês poderão projetar um curta-metragem, um longa-metragem ou os dois. Uma sugestão de curta-metragem é *Dona Cristina perdeu a memória*, de Ana Luiza Azevedo, produzido em 2002, cujo roteiro vocês leram no capítulo 5.

2. Planejem um bate-papo com o público logo após o filme. Para tornar a conversa mais estimulante, alguns de vocês podem se preparar previamente, vendo o filme antes e elaborando algumas perguntas sobre ele. Se o filme escolhido for o indicado, pode haver questões como:

   - Quais cenas do curta-metragem fazem refletir sobre essa fase da vida?
   - De que modo a idosa foi retratada?
   - O que mais lhes chamou a atenção na relação que se estabeleceu entre Antônio e dona Cristina?

3. Todos poderão falar livremente sobre o que gostaram ou não na história.

4. Caso exibam um longa-metragem, planejem alguns detalhes: escolham um filme que possa agradar a todos, lembrando que haverá espectadores diversos; façam ao menos dois intervalos durante o filme para perguntar se os convidados precisam ir ao banheiro, beber água ou comer algo e se querem fazer alguma observação antes de a projeção continuar.

Atividades para estimular a convivência

1. Depois da sessão de cinema, encaminhem os convidados para participarem das atividades preparadas especialmente para esse dia.

2. Selecionem previamente as atividades. Elas devem possibilitar que vocês e os convidados conversem e convivam de modo mais próximo e divertido. Pode ser um jogo ou uma brincadeira, mas devem ser adequadas à idade de ambas as gerações.

3. Vocês também podem apresentar ao público a peça de teatro que encenaram no capítulo 5 (página 165).

4. Para finalizar o dia, programem um lanche com os participantes.

Despedida

1. Vocês podem preparar lembrancinhas para oferecer aos convidados. Por exemplo, pesquisem e reproduzam um poema (ou mensagem) para presentear os participantes. Reproduzam esse texto em um papel colorido ou desenhem no papel para enfeitá-lo. Vocês podem enrolar os papéis e envolvê-los com uma fita colorida.

2. Na despedida, distribuam as lembrancinhas.

Avaliação

Com o professor, avaliem o evento. Conversem levando em conta as questões propostas a seguir.

- Do que você mais gostou e quer recordar do dia de convivência entre gerações? Algo o fez refletir? Algo o emocionou?

- Nas conversas e na convivência com os idosos, o que você descobriu sobre a experiência de vida deles? Você fez alguma pergunta aos convidados? Há coisas que não sabia sobre o modo como eles vivem, pensam e sentem?

- Algum convidado contou a você uma história ou relatou um acontecimento vivido por ele? Alguém comentou sobre o filme?

Vocabulário

Esta seção apresenta o significado de algumas palavras que você viu ao longo do capítulo. Note que, às vezes, a palavra pode assumir mais de um sentido, dependendo do contexto em que é utilizada. Leia essas palavras em voz alta para verificar a pronúncia adequada.

costeira <cos.**tei**.ra>
Região litorânea; área à beira-mar.
A área costeira brasileira é bem extensa e apresenta diversos tipos de plantas e animais.

desova <de.**so**.va>
Resultado da ação de pôr ovos.
Na época de desova, as tartarugas marinhas caminham até a praia e escolhem o local mais adequado para fazer os ninhos.

manchete <man.**che**.te>
1. Título com maior destaque, geralmente localizado no início da primeira página de uma revista ou jornal.
   A manchete deste jornal trouxe informações sobre a abertura dos Jogos Olímpicos.
2. Jogada do vôlei em que a bola é tocada pelo jogador de baixo para cima, com as mãos fechadas, unidas pelo polegar.
   A jogadora garantiu a vitória da equipe ao acertar a bola com uma manchete.

manejo <ma.**ne**.jo>
1. Ato de manejar ou manusear algo.
   No curso técnico de Meio Ambiente, aprendemos algumas técnicas de manejo florestal.
2. Controle ou administração de um negócio, como uma empresa, por exemplo.
   Aprendi na prática a importância do manejo das finanças para o sucesso dos negócios.
3. Técnica para treinar ou domar cavalos.
   O bem-estar dos cavalos depende do manejo adequado. É preciso garantir alimentação equilibrada e rotinas de sono, de banho e de atividades físicas.

reabilitação <re.a.bi.li.ta.**ção**>
1. Ato de recapacitar.
   O animal foi encaminhado ao centro de reabilitação municipal para que, depois, possa voltar à natureza de forma segura.
2. Recuperação da saúde física ou mental, por meio de cuidados médicos ou psicológicos.
   O paciente está passando por um processo de reabilitação e já conseguiu voltar a andar sem o apoio de muletas.

Ilustrações: Katharine Frota/ID/BR

rente <**ren**.te>
Aquilo que está muito perto, quase encostado.
Nessa brincadeira, a corda deve ficar rente ao chão e os participantes devem saltar sobre ela.

Sugestões de leitura

Era uma vez: urgente!, de Anvimar Gasparello e outros. Editora InterSaberes.

Nesse livro, várias personagens de contos, fábulas e cantigas são notícia nas páginas de um jornal. Essas notícias apresentam informações reveladoras sobre a vida de Branca de Neve, a corrida entre a Lebre e a Tartaruga e outras personagens dos contos de encantamento e da cultura popular.

Poesia pela cidadania, de Odete Rodrigues Baraúna. Editora Scipione.

A obra reúne poemas que mostram, de um jeito divertido, quais são os direitos e os deveres de crianças, jovens e adultos na sociedade. Procura indicar comportamentos que podem nos ajudar a refletir sobre atitudes, a respeitar as pessoas e a pensar no que é melhor para todos.

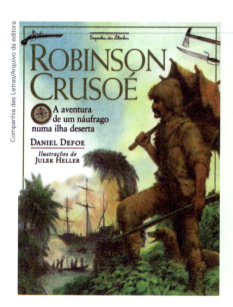

Robinson Crusoé: a aventura de um náufrago numa ilha deserta, de Daniel Defoe. Tradução de Hildegard Feist. Editora Companhia das Letrinhas.

O livro conta as aventuras do jovem Robinson Crusoé, que têm alegrado gerações. Depois de deixar a casa dos pais, Crusoé segue viagem em um navio, que acaba naufragando, e o jovem é o único sobrevivente. Ele chega a uma ilha aparentemente deserta e, nesse local, aprende a encontrar soluções para sobreviver lidando com as possibilidades que a ilha lhe oferece para comer, abrigar-se, etc.

Aprender sempre

1 Você estudou que, em uma frase, o verbo deve concordar com a pessoa a que se refere. Vamos rever esse conteúdo? Para isso, leia este poema.

Boa noite

A zebra quis ir passear
mas a infeliz
foi para a cama

— teve que se deitar
porque estava de pijama.

Sidônio Muralha. Boa noite. Em: Vera Aguiar (Coord.).
Poesia fora da estante. Porto Alegre: Projeto/CPL-PUCRS, 2005. p. 88.

a. Que característica faz com que pareça que a zebra está de pijama?

_____

b. Imagine que o poema acima faz referência a duas zebras. Complete os versos no quadro ao lado com os verbos do poema.

> Duas zebras _____ ir passear
> mas as infelizes
> _____ para a cama
>
> — _____ que se deitar
> porque _____ de pijama.

c. Agora, complete as lacunas como se você quisesse ir passear, assim como a zebra. Passe todos os verbos para o tempo presente.

> Eu _____ ir passear
> mas, infeliz,
> _____ para a cama
>
> — _____ que me deitar
> porque _____ de pijama.

d. Releia a primeira estrofe do item **c** e sublinhe o pronome usado no lugar de "A zebra" em relação ao poema original.

e. Releia a segunda estrofe do item **c**. Que pronome pessoal poderia aparecer antes das respostas que você completou? Escrever o pronome acrescentaria algo ao sentido dos versos?

2 Observe os elementos que compõem esta capa de revista.

Papo Editora/Revista Qualé/Divulgação

◀ Capa da revista *Qualé*, ed. 13, 17 a 31 ago. 2020.

a. Qual é o título da revista?

_____

b. A que público a revista se destina? Circule na capa a informação que confirma a sua resposta.

_____

_____

_____

Para crianças que querem saber de tudo

3 Observe a imagem central da capa da revista.

a. Que personagem aparece em destaque? _____

b. *Fake news* são informações falsas que tentam se passar por verdadeiras. Como essa afirmação se relaciona com a personagem apresentada na capa?

_____

_____

c. Releia o texto que está logo abaixo da expressão "*fake news*". Circule o pronome usado para retomar essa expressão, evitando repetição.

4 Há diversas razões para a existência das *fake news*: como, por exemplo, prejudicar alguém.

Saber Ser

a. Será que quem recebe e compartilha conteúdos falsos tem consciência do problema? De que modo uma pessoa pode ser prejudicada pela divulgação desse tipo de conteúdo?

b. Quando uma mensagem é verdadeira, mas dela se divulga somente um trecho, corre-se o risco de que seja distorcida por perder parte de seu sentido. Quais consequências isso pode ter?

Ilustração: Guilherme Asthma/ID/BR; Fotografia: Shutterstock.com/ID/BR

CAPÍTULO 7

Aventuras e viagens

Viajar e se aventurar por caminhos desconhecidos faz parte de muitas culturas. As pessoas viajam para conhecer lugares, para buscar uma vida melhor, para se divertir, etc. Muitas dessas viagens também podem acontecer na imaginação e servem de inspiração para que a aventura e a diversão aconteçam.

Observe a cena ao lado.

Para começo de conversa

1 Para você, onde as personagens que aparecem na cena estão? Você já foi a um lugar como esse? Conte para os colegas.

2 Observe os elementos que ajudam a compor a cena. O que você acha que as personagens estão fazendo?

3 E você, já viveu alguma situação parecida com a retratada na cena? Como ela aconteceu?

4 Você gosta de viver novas aventuras? Compartilhe com a turma alguma história que tenha marcado sua vida.

Saber Ser

duzentos e vinte e cinco **225**

Navegar na leitura

O texto que você vai ler faz parte de um livro sobre as aventuras de Marco Polo, viajante italiano do século 13. Marco Polo foi um dos primeiros europeus a visitar lugares pouco conhecidos na época em que viveu, como Mongólia, China e Japão.

Depois de anos morando na Ásia, Marco Polo retornou à Itália e descreveu aos europeus as experiências vividas nessas viagens.

- Como você acha que Marco Polo iniciou suas aventuras?

- Você gostaria de ser um viajante e se aventurar por lugares pouco conhecidos? Por quê?

Leia o texto a seguir e descubra como começaram as aventuras do viajante italiano Marco Polo.

Parte 1

As viagens de Marco Polo

Há muitos e muitos anos, em 1260, na cidade de Veneza, viviam dois irmãos, Nicolas Polo e Mateus Polo. Eram comerciantes e costumavam viajar para lugares distantes. Em uma de suas viagens, chegaram até o palácio de um poderoso príncipe, chamado Kublai Khan, senhor de todos os povos tártaros e conhecido como o Grande Khan. O soberano recebeu-os muito bem e fez-lhes várias perguntas sobre a vida em Veneza. Os venezianos, que conheciam a língua dos tártaros, contaram-lhes muitas coisas.

> **Veneza:** cidade italiana formada por pequenas ilhas separadas por canais e ligadas por pontes. É famosa por sua arquitetura e suas obras de arte.
>
> **tártaro:** habitante da antiga Tartária, região que abrangia grande parte do continente asiático.

Katharine Frota/ID/BR

Para voltar a sua cidade, os dois irmãos gastaram três anos. Ao chegar, Nicolas Polo ficou sabendo que a mulher tinha falecido e que o filho, Marco, já estava com quinze anos. Após algum tempo em Veneza, os irmãos resolveram visitar novamente o Grande Khan, dessa vez levando com eles o jovem Marco, já com dezessete anos. É sobre Marco que esse livro fala.

Como da primeira vez, foram recebidos muito bem por Kublai Khan, que, vendo Marco, perguntou quem era o jovem.

— Senhor — respondeu Nicolas —, este é meu filho Marco Polo.

— Seja bem-vindo — disse o imperador.

Marco Polo aprendeu rapidamente a língua dos tártaros, seus costumes e modos de guerrear. Kublai Khan logo percebeu quanto o jovem era inteligente; resolveu torná-lo embaixador, dando-lhe a missão de observar o que acontecia em seu reino. Marco Polo cumpriu a missão com sabedoria e dedicação. Tomava notas de tudo que via e ouvia com muito cuidado e repassava-as ao imperador.

Katharine Frota/ID/BR

— Este jovem será um adulto de grande habilidade e honra — admirava-se Kublai Khan.

E foi assim que Marco Polo permaneceu na corte imperial a serviço do Grande Khan por dezessete anos, indo e vindo em diferentes missões. Visitou um grande número de cidades, províncias e países, mais do que qualquer homem de seu tempo.

Depois de todos aqueles anos, os Polo decidiram voltar para casa. Kublai Khan não queria deixá-los partir, pois gostava muito deles; mesmo insatisfeito, acabou concordando. Nicolas, Mateus e Marco Polo retornaram a Veneza, em 1295. E agora que já contei tudo isso, Marco Polo começa a descrever, ele mesmo, tudo o que viu em suas viagens.

Adaptação de Laiz B. de Carvalho. *As viagens de Marco Polo*. São Paulo: Folha de S.Paulo, 2016. p. 3-4.

Ler para compreender

1 No texto, antes das viagens de Marco Polo, contam-se as aventuras de dois comerciantes. Quem são eles?

_____

- Qual era a relação dessas personagens com Marco Polo?

_____

2 Ao chegarem pela primeira vez ao palácio de Kublai Khan, qual habilidade dos irmãos possibilitou a comunicação entre eles e o príncipe?

_____

3 Releia os dois primeiros parágrafos do texto e responda às questões.

a. No primeiro encontro entre Kublai Khan e os irmãos Polo, qual atitude do príncipe revela seu interesse pelos relatos dos viajantes?

_____

_____

b. A cidade de origem dos irmãos Polo era próxima ou distante do reinado de Kublai Khan? Que informação do texto confirma sua resposta?

_____

_____

c. Por que Kublai Khan demonstrava interesse pelo que os irmãos Polo tinham a dizer?

_____

_____

d. A história se passa por volta do ano 1260. O que as perguntas do príncipe para os irmãos revelam sobre a circulação de informações naquela época?

_____

_____

4 Na segunda viagem ao palácio de Kublai Khan, os irmãos são acompanhados pelo jovem Marco.

a. Quais ações de Marco Polo chamam a atenção do imperador e fazem com que ele tenha confiança no jovem?

_____

_____

b. Que missão Marco Polo recebe do imperador?

_____

_____

c. A missão de Marco Polo possibilita que ele conheça diferentes lugares do reino de Kublai Khan. O que esse fato revela sobre o poder do imperador?

_____

_____

_____

5 Nessa primeira parte da história, o narrador revela como Marco Polo se tornou um viajante.

a. Em sua opinião, por que essas informações são importantes no texto?

b. Sublinhe, no último parágrafo do texto, a frase que indica uma mudança na forma como a história será contada.

Para explorar

No mapa ao lado, são mostrados os principais lugares pelos quais Marco Polo passou durante a viagem de ida e de volta entre Veneza e o reino de Kublai Khan. Houve muitas mudanças daquela época para cá, e vários lugares visitados têm nomes diferentes atualmente. As divisões territoriais de algumas regiões também mudaram.

Fonte de pesquisa: _Folha de S.Paulo_, São Paulo, 21 mar. 2016. Disponível em: http://www1.folha.uol.com.br/ilustrada/2016/03/1752356-adaptacao-de-as-viagens-de-marco-polo-chega-as-bancas.shtml. Acesso em: 23 mar. 2021.

Viagem de Marco Polo em mais de 20 anos

Navegar na leitura

A seguir, você vai ler a continuação do texto sobre as viagens realizadas por Marco Polo como embaixador de Kublai Khan.

Observe quem conta a história neste trecho.

- Que lugares você imagina que o viajante conheceu?

- O que ele pode ter descoberto nessas viagens?

Parte 2

As viagens de Marco Polo

Vou começar falando da Armênia. Há duas Armênias: a Maior e a Menor. A **Armênia Menor** é governada por um rei, **súdito** do Grande Khan. O país fica numa região muito rica, tem numerosas vilas e uma importante cidade portuária, onde são comercializados tecidos preciosos e **especiarias**. Muitos mercadores de Veneza e de outros lugares vêm até aqui para fazer seus negócios. Falarei agora da Armênia Maior.

A Armênia Maior ocupa um grande território, e nela se fabricam tecidos de algodão. Tem também as melhores fontes de água natural. No verão, os tártaros vêm para cá por causa das boas pastagens para o gado, mas, no inverno, faz muito frio e eles procuram uma região mais quente. [...]

> **Armênia Menor:** região onde atualmente é a Turquia, país que tem uma parte europeia e outra asiática.
>
> **súdito:** pessoa sob a autoridade de um superior.
>
> **especiaria:** produto de origem vegetal (tal como pimenta, canela e noz-moscada) usado para temperar alimentos.

Ao norte, a Grande Armênia faz fronteira com a Geórgia. O rei é súdito do Grande Khan [...]. A seda é produzida em grande quantidade. Seus habitantes tecem roupas de ouro e seda e vivem do comércio e do artesanato. Nos confins da Geórgia, há uma imensa fonte natural de óleo, tão grande que se podem encher cem navios de uma só vez com ele. Esse óleo não é bom como alimento, mas é bom para ser queimado. Vou falar agora de Bagdá.

Bagdá é muito grande. A cidade é cortada por um grande rio com tráfego intenso de navios com mercadorias. Aqui são produzidas diferentes coisas com seda, ouro e brocado e lindos tecidos ricamente bordados com figuras de animais e pássaros. É a maior e mais nobre cidade da região.

Falarei agora da Pérsia, um país muito grande, que já foi poderoso, mas agora se encontra devastado pelos tártaros. [...] Aqui se encontram ótimos cavalos e os melhores jumentos do mundo, rápidos e fortes. Nas cidades, vivem muitos comerciantes e ótimos artesãos, que produzem tecidos de ouro e seda de diversos tipos. Há plantações de algodão e abundância de cereais e frutas variadas.

A cidade de Yasdi também pertence à Pérsia; é uma bela cidade, com grande comércio, onde é produzida uma seda muito delicada. [...]

Katharine Frota/ID/BR

Ao deixar Yasdi, viaja-se por sete dias por extensas planícies e muitos bosques, com perdizes e codornas. Por ali é praticada a falcoaria, caça com falcões treinados. Há também burros selvagens, criaturas muito bonitas.

No final desse tempo, chega-se a Kerman, reino que possui uma grande quantidade de turquesas, pedras preciosas extraídas das montanhas, e muito aço. Os habitantes fabricam armaduras de guerra com muita habilidade; suas espadas e arcos são muito bem-feitos. As mulheres produzem bordados maravilhosos, em diferentes cores, de animais e flores. A planície de Kerman estende-se para o sul, passando por riachos e tamareiras. Nas montanhas, vivem os melhores falcões do mundo.

Adaptação de Laiz B. de Carvalho. *As viagens de Marco Polo*. São Paulo: Folha de S.Paulo, 2016. p. 4-7.

confim: fronteira, limite; área ou local mais afastado.
brocado: tecido de seda com bordados feitos em ouro ou prata.
perdiz: ave robusta que faz seu ninho no solo.

Ler para compreender

1 Retome a leitura da primeira e da segunda parte de *As viagens de Marco Polo*.

a. Na primeira parte, o narrador da história presenciou os fatos ou apenas recontou o que sabe?

_____

_____

_____

_____

b. Na segunda parte, quem conta os fatos?

_____

c. Copie um trecho do texto que confirma sua resposta ao item **b**.

_____

_____

d. Que palavra não está presente no trecho transcrito na resposta ao item **c**, mas pode ser deduzida?

_____

> Quando relatamos uma viagem, geralmente contamos sobre os lugares em que estivemos e as pessoas que conhecemos com base em nossas memórias e impressões pessoais. Por isso, é comum escrevermos esses textos em primeira pessoa, ou seja, com o uso do pronome **eu**.

2 Ao longo da segunda parte do texto, Marco Polo fala sobre os lugares que visitou. Relacione cada um dos lugares de acordo com as informações apresentadas no texto.

A Nome de um reino
B Nome de um país
C Nome de uma cidade

☐ Armênia   ☐ Yasdi

☐ Pérsia   ☐ Bagdá

☐ Geórgia   ☐ Kerman

Katharine Frota/ID/BR

● Que tipo de informação o viajante destaca ao falar sobre esses lugares? Marque com um **X**.

☐ Ele destaca as aventuras que viveu em cada um dos locais mencionados.

☐ Ele destaca informações relacionadas às riquezas e ao comércio dos lugares visitados.

☐ Ele destaca as características naturais de cada local, listando as belezas dos países que conheceu.

3 Que tecidos eram produzidos nos locais descritos por Marco Polo?

_____

4 Releia a seguir um trecho do texto.

> Nos confins da Geórgia, há uma imensa fonte natural de óleo, tão grande que se podem encher cem navios de uma só vez com ele. Esse óleo não é bom como alimento, mas é bom para ser queimado.

a. Nesse trecho, o narrador fala sobre o óleo. Qual característica dessa substância é indicada como positiva?

_____

b. Leia os significados a seguir para a palavra **óleo**.

óleo 1 substância gordurosa, em estado líquido, de origem mineral, animal ou vegetal; **2** óleo natural, inflamável, de grande importância industrial, petróleo; **3** nome comum dado a árvores que produzem óleo natural, como a copaíba.

Fonte de pesquisa: Antônio Houaiss. *Dicionário eletrônico Houaiss da língua portuguesa*. Rio de Janeiro: Objetiva, 2009.

● Qual desses significados mais se relaciona ao sentido da palavra **óleo** usada por Marco Polo?

☐ 1

☐ 2

☐ 3

5 Releia o texto em voz alta e observe as características dos locais descritos por Marco Polo. Quais aventuras você acha que ele pode ter vivido em suas viagens? Desenhe em uma folha avulsa o que você imaginou.

Katharine Frota/ID/BR

Caminhos da língua

Conectivos

1 Releia o trecho a seguir.

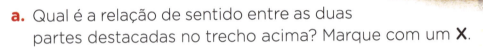

> **Kublai Khan não queria deixá-los partir,** <u>pois</u> gostava muito deles; mesmo insatisfeito, acabou concordando.

a. Qual é a relação de sentido entre as duas partes destacadas no trecho acima? Marque com um **X**.

☐ A parte azul apresenta uma diferença em relação ao que foi informado na parte verde.

☐ A parte azul apresenta a explicação sobre o que foi informado na parte verde.

b. Que termo poderia substituir a palavra **pois** sem mudar o sentido do trecho? Circule a alternativa correta.

como	porque	porém

2 Veja agora outros trechos do texto sobre as aventuras de Marco Polo e observe a palavra em destaque.

> No verão, os tártaros vêm para cá por causa das boas pastagens para o gado, **mas**, no inverno, faz muito frio e eles procuram uma região mais quente.

> Esse óleo não é bom como alimento, **mas** é bom para ser queimado.

> Falarei agora da Pérsia, um país muito grande, que já foi poderoso, **mas** agora se encontra devastado pelos tártaros.

● Analisando o sentido das informações apresentadas nas três frases, assinale a afirmação correta.

☐ A palavra **mas** exemplifica a afirmação anterior em cada frase.

☐ A palavra **mas** indica que há uma oposição entre as duas afirmações feitas.

Katharine Frota/ID/BR

3 Releia os trechos a seguir.

> Depois de todos aqueles anos, os Polo decidiram voltar **para** casa.

> Muitos mercadores de Veneza e de outros lugares vêm até aqui **para** fazer seus negócios.

a. Nos dois trechos, há o uso da palavra **para**. Em qual deles esse termo está relacionado à indicação de um destino?

_____

b. Em qual trecho a palavra **para** indica finalidade?

_____

4 Complete as frases a seguir com as palavras do quadro.

pois	mas	para

a. Todos acordaram mais tarde, _____ era domingo.

b. Fomos _____ a quadra assim que tocou o sinal.

c. Saí de guarda-chuva, _____ o céu estava carregado.

d. Pensei em tirar fotos, _____ o celular estava sem bateria.

e. A família se reuniu para o almoço, _____ o irmão mais novo não chegou a tempo.

f. Chegou bem cedo ao correio _____ postar a carta.

g. Pediu ao colega que lhe emprestasse o livro, _____ ele não o ouviu.

h. Chegou bem cedo ao cinema, _____ era a estreia do filme.

> Algumas palavras são usadas para relacionar diferentes partes de uma frase. Essas palavras são chamadas **conectivos** e contribuem para a construção do sentido do texto.

Katharine Frota/ID/BR

Dando asas à produção

Narrativa de aventura

O que vou produzir

Ao ler os trechos do livro *As viagens de Marco Polo*, você conheceu parte da história dessa personagem e de suas viagens. Agora, você vai se inspirar nos textos lidos e escolher um novo lugar para ser o cenário de uma aventura inédita de Marco Polo. Seu texto será apresentado em uma roda de leitura para os colegas de turma. Leia as orientações a seguir.

Orientações para a produção

1. Escolha um país ou uma cidade atual onde sua narrativa de aventura será ambientada. Pesquise em *sites* e livros sobre esse local.

2. Anote as características que considera interessantes para serem apresentadas na narrativa de aventura.

3. Escreva seu texto em primeira pessoa. Decida se adotará a voz de Marco Polo ou a de algum companheiro de aventuras do viajante.

4. Para organizar a narrativa, você deve estruturá-la da seguinte forma:

   - **Situação inicial** – Descrição de características naturais e culturais do local onde se passa a narrativa de aventura e relato das impressões de Marco Polo ou da personagem escolhida sobre esse lugar.

   - **Conflito** – Introdução de um problema a ser enfrentado por Marco Polo ou pela personagem escolhida. Pode ser uma situação relacionada ao encontro de um povo desconhecido ou a dificuldades vividas durante a navegação; um confronto com algum animal feroz ou adversidades causadas por fenômenos da natureza, entre outros.

   - **Desenvolvimento do conflito** – Após a apresentação do problema, narre os acontecimentos desencadeados a partir dele. Durante a narração, é importante relatar os sentimentos e as impressões de Marco Polo e de outras personagens presentes na história.

   - **Desfecho** – Encaminhe uma solução para o conflito que seja coerente com o restante da história. Conte como as personagens se sentiram após essa solução.

5. Anote as etapas do item anterior e o que você pretende desenvolver em cada uma delas. Isso o ajudará a organizar e a planejar melhor a escrita.

6. Após esse planejamento, escreva sua narrativa de aventura cuidando para que todos os itens indicados sejam desenvolvidos.

7. Preste atenção ao uso dos conectivos para estabelecer relações no texto.

8. Se julgar necessário, crie diálogos em seu texto.

9. Ilustre sua história ou cole elementos como mapas, fotografias e desenhos relacionados à aventura narrada.

10. Dê ao texto um título que seja instigante e chame a atenção do leitor.

Avaliação e reescrita

Antes de escrever a versão final de seu texto, marque **sim** ou **não** para cada um dos itens a seguir. Passe seu texto a limpo, fazendo as modificações que achar necessárias.

1. A narrativa de aventura apresenta uma situação inicial na qual está caracterizado o local onde se passa a história?	Sim	Não
2. O conflito foi apresentado logo após a situação inicial?	Sim	Não
3. O conflito foi desenvolvido de modo que seja possível entender os acontecimentos?	Sim	Não
4. O desfecho está coerente com o restante da história?	Sim	Não
5. O texto é narrado em primeira pessoa?	Sim	Não
6. Foram usados conectivos para estabelecer a relação entre partes do texto?	Sim	Não
7. Além das ações, são apresentados sentimentos e impressões do narrador e das outras personagens?	Sim	Não

Circulação do texto

1. Para apresentar os textos produzidos, planejem com o professor uma "Semana das narrativas de aventura".

2. Combinem um dia e um horário para ler as histórias em voz alta. Façam uma leitura expressiva do texto, enfatizando algumas frases conforme os sinais de pontuação utilizados e o próprio sentido do texto.

Katharine Frota/ID/BR

Navegar na leitura

Nas primeiras leituras deste capítulo, você conheceu a história de Marco Polo. Para que essa história chegasse até os leitores, foi necessário o registro das viagens e, tempos depois, a organização desse material em livros, de modo que mais pessoas pudessem ter contato com essas aventuras.

- Os livros são acessíveis a uma grande quantidade de leitores? Em caso negativo, como é possível torná-los mais acessíveis?

- Você já leu textos que apresentam sugestões de livros?

Agora, você vai ler um texto que apresenta a sugestão de um livro.

As aventuras de Marco Polo

Livro relata a fabulosa viagem do navegante italiano pelo império mongol [...]

Você conhece a história de Marco Polo (1254-1324), que partiu de Veneza com seu pai e tio quando tinha apenas 15 anos rumo a uma emocionante viagem ao Oriente, e só voltou 24 anos depois, cheio de histórias para contar aos europeus? Não? Então mergulhe fundo na leitura de *Marco Polo e sua maravilhosa viagem à China*, de Janis Herbert, e conheça um pouco das aventuras do navegante italiano ao cruzar terras muito distantes das nossas, como a China, Pérsia (atual Irã), Tibet, Sri Lanka e Índia.

▲ Detalhe da capa do livro *Marco Polo e sua maravilhosa viagem à China*.

Marco Polo tinha apenas seis anos quando assistiu à partida de seu pai, Niccolo, e seu tio, Maffeo, ao Oriente, em viagem de negócios. Lá, eles conheceram o Kublai Khan, o governante do Império Mongol, o maior reino do mundo na época. Quando os irmãos se preparavam para voltar a Veneza, o grande Khan pediu que eles retornassem no futuro com um frasco de óleo da lamparina da igreja do Santo Sepulcro ([...] em Jerusalém).

Eles cumpriram a promessa e anos mais tarde retornaram ao Oriente – só que dessa vez com o jovem Marco Polo a bordo. Começava aí a aventura de nosso personagem. Até chegar ao palácio do Kublai Khan, ele conheceu muitas culturas e atravessou diversas terras conquistadas pelos guerreiros **mongóis**. Uma delas era a Pérsia – que, no século 6 a.C., havia sido um grande império que ocupou parte da Ásia Central e Oriente Médio.

mongol: da Mongólia ou relacionado a esse país asiático.

Nossos viajantes também conheceram o Afeganistão, terra de montanhas íngremes e desertas que eles penaram para cruzar. Um dos lugares mais ricos que Marco visitou foi a China. Lá ele descobriu a religião budista, na qual seus praticantes tentam chegar ao Nirvana (liberação do sofrimento e da morte) por meio da meditação. A China era uma região com muito comércio e desenvolvida cientificamente. Foram os chineses, por exemplo, que inventaram o papel, a bússola, a pólvora e a porcelana.

Após três anos e meio de viagem, chegaram enfim a seu destino: a residência do Kublai Khan, na cidade de Shang-tu. Aos poucos, o carisma de Marco Polo conquistou o imperador, que resolveu fazer dele seu emissário. Marco deveria viajar por todo o reino e relatar ao Khan tudo o que vira e ouvira.

Coleção particular. Fotografia: Ivy Close Images/Alamy/Fotoarena

▲ A ilustração mostra a recepção de Marco na corte de Kublai Khan.

O rapaz passou dezessete anos viajando pela Ásia como funcionário do imperador. Tornou-se adulto. Conheceu lugares exóticos e diferentes de tudo o que se conhecia na Europa ocidental. Ele descobriu por exemplo que, no Tibet, após os bebês nascerem, as mulheres se levantavam para trabalhar e o pai da criança passava quarenta dias deitado.

Trajeto de Marco Polo pelo Império Mongol

Fontes de pesquisa: *Ciência Hoje das Crianças* e *Enciclopédia Britannica*. Disponíveis em: http://chc.org.br/as-aventuras-de-marco-polo/. Acesso em: 23 mar. 2021.

Após tanto tempo a serviço do imperador, nosso navegante cansou das viagens e quis voltar para sua terra natal. Em 1292 os Polo retornam à Europa. Eles estavam tão diferentes de quando partiram que até seus parentes tiveram dificuldades em reconhecê-los! Mas a vida de Marco Polo ainda lhe reservaria surpresas...

O livro *Marco Polo e sua maravilhosa viagem à China* narra todas essas histórias para o público jovem, de forma simples e envolvente. A obra, além de trazer em boxes uma série de curiosidades sobre as culturas orientais, possui no final de cada capítulo atividades orientadas, como a preparação de papel, máscaras ou tapeçarias, exercícios de ioga, receitas e instruções de jogos chineses.

> *Marco Polo e sua viagem maravilhosa à China (para crianças e jovens)*
> Janis Herbert (tradução Fernanda Abreu)
> Rio de Janeiro, 2003, Jorge Zahar Editor
> 108 páginas

Denis Weisz Kuck. As aventuras de Marco Polo. *Ciência Hoje das Crianças*, 3 jul. 2003. Disponível em: http://chc.org.br/as-aventuras-de-marco-polo/. Acesso em: 23 mar. 2021.

Ler para compreender

1 Qual é o assunto desse texto?

_____

2 O texto que apresenta o livro _Marco Polo e sua maravilhosa viagem à China_ faz parte de uma revista voltada para crianças. Por que esse texto aparece nesse tipo de publicação?

_____

_____

3 Numere os acontecimentos da história de Marco Polo na ordem apresentada no texto.

☐ Marco Polo torna-se emissário do imperador.

☐ Na China, Marco Polo conhece a religião budista.

☐ O pai e o tio retornam ao Oriente com Marco Polo.

☐ Em 1292, os Polo retornam à Europa.

☐ Aos 6 anos, Marco Polo viu seu pai e seu tio partirem para o Oriente.

4 No texto, há um parágrafo que apresenta uma avaliação sobre o livro.

a. Qual é esse parágrafo?

_____

b. Copie a frase em que fica clara a opinião do autor sobre o livro.

_____

_____

c. A avaliação sobre o livro é positiva ou negativa? Explique.

_____

_____

d. Quais palavras presentes na frase transcrita confirmam sua afirmação?

_____

O texto "As aventuras de Marco Polo" que você acabou de ler é uma **resenha**. Esse tipo de texto apresenta informações sobre livros, filmes, CDs, peças de teatro, exposições de arte, programas de televisão, seriados, entre outros. As resenhas podem aparecer em jornais, revistas e *sites*.

5 Ao final do texto, foram apresentadas algumas informações sobre o livro. Por que essas informações são importantes em uma resenha?

_____

_____

_____

6 Assinale a frase que explica uma das funções da resenha.

☐ A resenha conta a história de um livro até certo ponto, para que o leitor se interesse por lê-lo.

☐ A resenha conta a história inteira de um livro, para que o leitor forme uma opinião sobre ele.

7 Ao longo da resenha, são apresentadas imagens.

a. Qual das ilustrações revela a importância de Marco Polo na corte de Kublai Khan?

_____

b. Para você, por que essa imagem foi escolhida para acompanhar a resenha?

_____

_____

c. Uma das imagens é um mapa da trajetória de Marco Polo. Qual é a importância dessa imagem na resenha?

_____

_____

8 Ao ler a resenha e ver as imagens, você ficou curioso por ler o livro? Por quê?

_____

Caminhos da língua

Palavras terminadas em -isar e -izar

1 Leia a frase a seguir, relacionada à resenha do livro sobre Marco Polo.

> Para escrever sobre o livro *Marco Polo e sua maravilhosa viagem à China*, o resenhista pesquisou, organizou informações, leu e analisou o livro, para que o leitor visualizasse a obra.

a. Os verbos **pesquisou**, **organizou**, **analisou** e **visualizasse** são derivados de substantivos. Que substantivos são esses?

_____

b. Observe a forma infinitiva desses verbos e leia-os em voz alta.

> pesquisar   organizar   analisar   visualizar

- O som final desses verbos é igual ou diferente?

_____

c. Esse som é registrado da mesma forma nas quatro palavras? Explique.

_____

_____

d. Observando os substantivos que deram origem a esses verbos, levante hipóteses que justifiquem sua resposta ao item **c**.

e. Com base na resposta ao item **d**, complete a definição a seguir com as palavras e as terminações do quadro abaixo.

> sílaba   -isar   verbos   -izar

As palavras que têm **s** na última _____, como **aviso**, dão origem a verbos terminados em _____, como **avisar**.
Palavras que não têm a letra **s** na última sílaba, como **atual**, dão origem a _____ terminados em _____, como **atualizar**.

2 Escreva o verbo derivado de cada palavra nos itens a seguir, grafando-o com **-isar** ou **-izar**.

a. piso: _____

d. útil: _____

b. eterno: _____

e. cristal: _____

c. liso: _____

f. símbolo: _____

3 Leia a tira a seguir e responda às questões.

Alexandre Beck. *Armandinho seis*. Florianópolis: A. C. Beck, 2015. p. 54.

a. Pesquise a palavra **coral** em um dicionário e registre o significado adequado ao contexto da tira.

_____

_____

b. Por que a participação de Armandinho no coral não está dando certo?

_____

c. Por que a ação desejada por Armandinho é incompatível com um coral?

d. Qual verbo na tira indica a ação que Armandinho gostaria de realizar?

_____

e. De qual substantivo esse verbo é derivado?

_____

f. Qual é a relação entre a forma como esse substantivo é escrito e a sílaba final do verbo indicado no item **d**?

_____

_____

Jogos e brincadeiras

Desafios

1 Complete cada frase usando uma palavra do quadro a seguir.

| natural | preciso | pesquisa | suave | canal | aviso | industrial |

a. Minha mãe faz uma _____ no horóscopo todos os dias.

b. Temos uma horta, pois gostamos de alimento _____

c. Quando eu _____ de um médico, vou ao hospital.

d. O parque _____ da cidade foi inaugurado.

e. Próximo a minha rua tem um _____ que divide os bairros.

f. A comida que minha mãe faz é muito _____.

g. O professor colocou um _____ na porta.

2 Circule no diagrama os verbos derivados das palavras usadas para preencher as frases da atividade anterior.

S	U	A	V	I	Z	A	R	O	P	V	E	S	P
E	I	G	M	R	V	L	I	S	V	R	T	Y	R
B	Y	Y	A	V	I	S	A	R	N	T	Y	I	E
P	P	B	V	A	Z	I	D	L	D	U	R	J	C
E	A	I	B	B	R	E	O	I	R	M	P	M	I
S	D	E	S	P	O	M	T	O	M	G	N	E	S
Q	Q	C	E	T	U	K	L	E	A	R	D	E	A
U	N	A	T	U	R	A	L	I	Z	A	R	O	R
I	P	N	R	L	A	R	A	M	A	N	H	E	T
S	S	C	A	N	A	L	I	Z	A	R	O	A	G
A	A	S	T	E	B	I	O	P	V	I	O	S	E
R	B	R	F	E	A	R	M	O	N	W	X	E	R
I	N	D	U	S	T	R	I	A	L	I	Z	A	R

duzentos e quarenta e cinco **245**

Katharine Frota/ID/BR

Olá, oralidade

Mesa-redonda

A mesa-redonda é uma reunião de pessoas para discutir oralmente fatos ou ideias. Dessa reunião participam os debatedores, o mediador e o público. A mesa-redonda funciona como uma discussão organizada em que pessoas com diferentes pontos de vista debatem um tema sob a supervisão do mediador.

Entre outras tarefas, o mediador é responsável por introduzir o assunto, garantir a cada debatedor o mesmo tempo de fala e, também, fazer o fechamento da discussão. O objetivo da mesa-redonda é fornecer aos participantes uma oportunidade de ampliar seus conhecimentos sobre determinado assunto.

Orientações para a produção

1. Você vai participar de uma mesa-redonda em que será discutido um assunto relacionado aos temas estudados neste capítulo. Para isso, a turma deverá escolher um dos assuntos indicados a seguir, considerando os interesses e a curiosidade de todos.

- As viagens e a experiência de conhecer diferentes culturas

- A importância de contar e conhecer histórias

- A relevância das resenhas na escolha de livros, filmes e peças teatrais

Preparação da fala

1. Após a escolha do assunto, organizem-se em grupos de até cinco integrantes.

2. Retomem as leituras e as atividades do capítulo relacionadas ao assunto selecionado e busquem informações adicionais em jornais, revistas, livros e *sites*.

3. Com base na leitura das atividades e nas pesquisas, cada grupo deve preparar cinco perguntas a serem feitas na mesa-redonda que acontecerá em sala de aula. Lembre-se de que as perguntas devem aprofundar o assunto para que todos possam expandir seus conhecimentos.

4. O grupo deve escolher um relator para representá-lo na mesa-redonda. Ele será o responsável pela leitura de um texto expositivo com as principais ideias do grupo. Todos deverão trabalhar na escrita do texto, mas o relator fará a leitura no início da discussão.

5. Antecipadamente, combinem com o professor e os demais grupos quem será o moderador, quais serão os debatedores e como será a participação do público.

6. No dia e horário marcados, o moderador deve iniciar a atividade introduzindo o assunto, apresentar os participantes, explicar as regras da mesa-redonda e organizar a ordem das perguntas.

7. Os relatores devem ler o texto com as principais ideias do grupo. Em seguida, serão feitas as rodadas de perguntas. Haverá dois tipos de pergunta: de debatedor para debatedor e do público para os debatedores.

Ilustração: Davi Augusto/ID/BR; Fotografia: Shutterstock.com/ID/BR

8. A discussão deve prosseguir pelo tempo estipulado previamente e sob a orientação do mediador, que deverá finalizá-la no momento adequado.

Avaliação

Ao finalizar a mesa-redonda, conversem sobre os itens a seguir.

- O moderador foi capaz de introduzir o assunto, estabelecer a ordem de fala dos debatedores e ordenar as perguntas do público?

- Os debatedores foram capazes de:
  - apresentar uma fala clara, expondo seu ponto de vista com informações relevantes ao tema proposto?
  - responder satisfatoriamente ao que lhes foi perguntado?
  - justificar seus argumentos adequadamente?

- O público foi capaz de:
  - ouvir com atenção as falas dos debatedores?
  - formular perguntas relacionadas à discussão?

Vocabulário

Esta seção apresenta o significado de algumas palavras que você viu ao longo do capítulo. Note que, às vezes, a palavra pode assumir mais de um sentido, dependendo do contexto em que é utilizada. Leia essas palavras em voz alta para verificar a pronúncia adequada.

aventura <a.ven.**tu**.ra>
Situação que pode envolver ousadia, incerteza, perigo, emoção.
Meus amigos e eu gostamos de aventuras.

confim <con.**fim**>
1. Limite, fronteira, ponto de um lugar.
Carolina foi até os confins do Brasil com a Argentina.
2. Local muito longe, afastado.
Pedro mora no confim do mundo.
3. Vizinho, próximo.
Minha cidade é confim da capital alagoana.

coral <co.**ral**>
1. Nome dado a animais marinhos que permanecem em um único lugar, formando os recifes. Eles estão presentes em todos os oceanos.
Próximo aos corais, costumam viver muitos tipos de peixes e plantas.
2. Coro musical, formado por grupo de pessoas que cantam em conjunto.
O coral da cidade se apresentou na praça ontem.

Ilustrações: Katharine Frota/ID/BR

especiaria <es.pe.ci.a.**ri**.a>
Erva ou planta usada para dar cor, aroma e/ou sabor a alimentos. Tempero.
Minha vó utiliza muitas especiarias em suas receitas, como cravo-da-índia, pimenta-do-reino e cúrcuma.

súdito <**sú**.di.to>
Pessoa que está submetida à autoridade de alguém que é superior, soberano.
Os súditos daquele reino são muito prestativos.

viagem <vi.**a**.gem>
Deslocamento de um lugar a outro; ato de realizar um percurso.
A viagem mais inesquecível da minha infância foi uma excursão escolar.

viajante <vi.a.**jan**.te>
1. Pessoa que viaja.
O viajante percorreu todo o vilarejo em um único dia.
2. Comerciante que se desloca de um local a outro vendendo seus produtos.
Aquele viajante chegou no bairro, trazendo toalhas e roupas de cama para vender.

Exploradores, de Olivier Besson. Edições SM (Coleção Comboio de Corda).

Que tal conhecer a vida e as aventuras de grandes exploradores que existiram de verdade? Essa é a proposta desse livro, que conta as viagens de desbravadores que enfrentaram grandes perigos para desvendar os mistérios de lugares como a selva amazônica.

Nas águas do Rio Negro, de Drauzio Varella. Companhia das Letrinhas.

Essa é a história de aventura de um médico que se perdeu na floresta durante uma expedição ao Rio Negro, na Amazônia. Ao se perder, ele se depara com seres folclóricos brasileiros, como o curupira, e as belezas e mistérios da Floresta Amazônica.

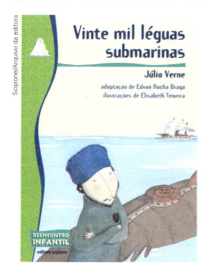

Vinte mil léguas submarinas, de Júlio Verne. Editora Scipione (Coleção Reencontro Infantil).

Essa famosa obra de Júlio Verne conta a perseguição do professor Aronnax a uma fantástica criatura marinha. O professor é capturado pelo misterioso capitão Nemo, e, a bordo de um fabuloso submarino, ele viverá muitas aventuras.

1 Leia a resenha de um livro infantil e responda às questões a seguir.

O que acontece se você misturar Saramago com xilogravura de cordel?

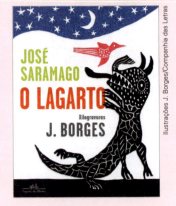

Ilustrações J. Borges/Companhia das Letras

O escritor português José Saramago (1922-2010), vencedor do **prêmio Nobel** de Literatura, costumava falar da dificuldade de escrever para crianças. Em um dos seus poucos livros infantis, *A Maior Flor do Mundo*, ele comenta essa **complexidade**.

"As histórias para crianças devem ser escritas com palavras muito simples, porque as crianças, sendo pequenas, sabem poucas palavras e não gostam de usá-las complicadas. Quem me dera saber escrever essas histórias, mas nunca fui capaz de aprender, e tenho pena", escreveu.

Mas claro que era uma modéstia do autor. As obras infantis de Saramago são estimulantes, tiram as crianças do lugar comum, do vocabulário pobre, das imagens já desgastadas – afinal, para isso deveria servir a literatura, certo? Grande exemplo disso é *O Lagarto*, lançado no fim do ano passado pela Companhia das Letrinhas.

O enredo é simples, mas inventivo. Em um belo dia, um lagarto gigante aparece no meio da rua da cidade. O susto foi geral, o trânsito parou, uma velha foi aos gritos, uma moradora derrubou as flores que carregava. Como lidar com um monstro (e com o pânico que ele causa) atrapalhando a metrópole?

As **metáforas** de Saramago [...] ganham potência nas xilogravuras coloridas que ilustram a história. Todas feitas por J. Borges, um dos maiores nomes vivos da cultura popular nordestina e da literatura de cordel.

Com um traço inconfundível, Borges cria um lagarto com jeito de dragão, que passeia pelas páginas ao redor de homens e mulheres que bem poderiam estar num folheto de cordel. Mistura que leva a trama a outro lugar, próximo ao conto de fadas. Aliás, já no começo do livro, Saramago diz que *O Lagarto* é, justamente, uma história de fadas.

[...]

O lagarto
José Saramago.
Editora Companhia das Letrinhas, 2016.
32 páginas.

> **prêmio Nobel:** prêmio internacional concedido anualmente em reconhecimento aos avanços culturais e científicos.
> **complexidade:** dificuldade de compreensão ou de resolução.
> **metáfora:** quando se denomina um ser por outro nome para indicar uma característica que pode ser deduzida. Exemplo: "Ela é uma flor" é uma metáfora para designar uma pessoa delicada.

Bruno Molinero. O que acontece se você misturar Saramago com xilogravura de cordel? *Folha de S.Paulo*, 26 jan. 2017. Era outra vez: literatura infantojuvenil e outras histórias. Disponível em: http://eraoutravez.blogfolha.uol.com.br/2017/01/26/o-que-acontece-se-voce-mistura-saramago-com-xilogravura-de-cordel/. Acesso em: 23 mar. 2021.

a. Que prêmio importante o texto informa que José Saramago recebeu?

_____

b. Por que essa conquista é apresentada no primeiro parágrafo?

_____

_____

2 No trecho "O enredo é simples, **mas** inventivo", que tipo de ideia o conectivo destacado liga?

⬜ Ideias semelhantes.   ⬜ Ideias diferentes.

3 A avaliação da obra apresentada na resenha é positiva ou negativa? Em qual parágrafo ela é apresentada de forma mais direta ao leitor?

_____

_____

4 Na resenha também é apresentado um resumo da obra.

a. Em qual parágrafo esse resumo é feito?

_____

b. Por que esse resumo é importante em uma resenha?

_____

_____

_____

5 Ao longo da resenha, também é destacado o aspecto visual da obra. Quais informações são apresentadas sobre as ilustrações do livro?

_____

_____

6 A resenha lida diz que José Saramago era modesto ao dizer "eu não sabia escrever para crianças". Você considera a modéstia uma característica positiva ou negativa? Explique sua resposta.

Ilustração: Guilherme Asthma/ID/BR;
Fotografia: Shutterstock.com/ID/BR

CAPÍTULO

8

As diferentes formas de ser e de observar

Todos somos diferentes. Cada um tem seu jeito de ser e de observar o mundo em que vive e, por isso, o modo de vida de todas as pessoas deve ser respeitado. Observe a imagem ao lado.

Para começo de conversa

1. Identifique onde as personagens da cena ao lado estão. Comente com os colegas como você chegou a essa conclusão.

2. Ao sair de casa e observar as pessoas na rua, é possível notar diferenças entre elas? Se sim, quais?

3. É importante respeitar as pessoas, com suas diferentes características e modo de vida?

4. Como é sua convivência com pessoas diferentes de você? Comente o que você faz no dia a dia para garantir o bom relacionamento com todos.

Saber Ser

Navegar na leitura

O texto a seguir é uma história em quadrinhos da Turma da Mônica, com as personagens Franjinha e Marina.

- Observe a primeira página da história. Que situação você acha que será vivida pelas personagens?

Depois de levantar hipóteses, leia a história completa e descubra se suas expectativas serão confirmadas.

Mauricio de Sousa Editora Ltda.

Mauricio de Sousa Editora Ltda.

Mauricio de Sousa. Revista *Turma da Mônica*, Barueri, Panini Comics, n. 81, p. 80-83, 2013.

Ler para compreender

1 O que você imaginou sobre a situação que seria vivida pelas personagens se confirmou depois da leitura da história completa?

2 Qual é o sentimento expresso por Franjinha quando ele anuncia e explica seu invento a Marina?

_____

_____

- Quais quadrinhos mostram esse momento?

_____

3 Franjinha convida Marina para experimentar o invento, e ela aceita.

a. O que acontece logo após Marina usar o materializador de pensamentos?

_____

_____

_____

FAÇA UM TESTE! PENSE NUMA IMAGEM PARA A SUA TELA!

Mauricio de Sousa Editora Ltda.

b. Em um primeiro momento, qual é a reação de Marina a esse acontecimento? Como é possível deduzir essa reação da menina?

_____

_____

c. Depois, Marina muda sua expressão facial, demonstrando estar contrariada com o que tinha acabado de acontecer. Em que quadrinho isso ocorre?

◻ No quinto quadrinho.   ◻ No décimo quadrinho.

◻ No nono quadrinho.

d. Nos quadrinhos seguintes, Marina explica o motivo de sua insatisfação. Que motivo é esse?

_____

_____

4 Franjinha usa dois argumentos para tentar convencer Marina sobre o quanto ela poderia tirar proveito da invenção dele.

a. Quais são esses argumentos?

_____

_____

_____

b. Converse com o professor e os colegas e responda: Os argumentos de Franjinha funcionam com Marina? Por quê?

- E você, o que achou da invenção de Franjinha? Explique sua opinião aos colegas.

5 Ao ler a história em quadrinhos, é possível perceber como Franjinha se sente diante da opinião de Marina.

a. Que sentimento Franjinha demonstra após ouvir a opinião de Marina?

☐ Franjinha parece decepcionado, pois imaginava que a amiga fosse gostar muito de sua nova invenção.

☐ Franjinha sente ciúmes da amiga, pois percebe que Marina valoriza outros amigos.

☐ Franjinha fica triste, pois percebe que Marina não gosta de nenhum tipo de aparelho eletrônico.

b. Qual frase de Franjinha revela esse sentimento?

_____

c. Na frase que você copiou no item anterior, que palavra expressa o sentimento de Franjinha de maneira resumida?

_____

Interjeições como **ué!**, **oba!**, **ufa!** e **puxa!** são usadas para expressar diversos sentimentos, emoções e sensações.

Há expressões que empregamos com essa mesma finalidade, por exemplo, "Minha nossa!" e "Puxa vida!".

As interjeições são muito usadas nas conversas do dia a dia. Também é comum encontrá-las nas histórias em quadrinhos.

6 Na história em quadrinhos que você leu, cada personagem observa e avalia os acontecimentos de uma maneira diferente.

a. Ligue a personagem à respectiva afirmação.

Franjinha

Reflete sobre a importância do processo de aprendizagem ao se produzir alguma coisa.

Marina

Sente entusiasmo ao perceber a agilidade da tecnologia na produção de algo.

b. Mesmo reagindo de maneiras diferentes, no final da história as personagens mantêm uma relação de amizade e afeto. Qual é a ação de Marina no último quadrinho que indica essa relação?

_____

c. Que som a palavra **CHUAC** representa nesse quadrinho?

_____

d. Em que outro quadrinho há uma palavra que representa um som?

_____

e. Qual é essa palavra? De acordo com a situação apresentada na história, que som ela imita?

_____

_____

As palavras e expressões que usamos para representar ou imitar ruídos, barulhos, sons dos objetos, dos fenômenos da natureza e dos seres são chamadas de **onomatopeias**. Exemplos: *tique-taque* (relógio), *miau* (gato).

Caminhos da língua

Redução de ditongos e verbos no infinitivo

1 Leia a tira a seguir.

Mauricio de Sousa. Revista *Chico Bento*: histórias da Vó Dita, n. 40. São Paulo: Mauricio de Sousa Editora; Globo, 2005.

- Vó Dita pediu a Chico Bento que esperasse um pouco. Ela saiu e voltou diferente. O que Vó Dita foi colocar? Por quê?

_____

_____

2 No segundo e no último quadrinhos da tira, as palavras **ispera**, **poco** e **contá** não foram escritas de acordo com a norma-padrão.

a. Por que essas palavras foram escritas dessa forma? Assinale com um **X** a frase que responde a essa pergunta.

◯ Porque o autor da tira não consultou o dicionário para escrever o diálogo das personagens.

◯ Porque o autor da tira quis representar a maneira como as personagens falam.

b. Escreva abaixo como essas palavras seriam grafadas de acordo com a norma-padrão. Consulte um dicionário, se necessário.

_____

Para representar a fala da personagem Vó Dita, o verbo **contar** foi escrito sem o **r** final e na palavra **pouco** houve redução do ditongo **ou**. Na fala espontânea, em muitas ocasiões, costumamos pronunciar os verbos sem o **r** final e algumas palavras sem os ditongos **ei**, **ou** e **ai**.

3 Leia o diálogo a seguir. Encontre os verbos escritos sem o **r** final e as palavras em que os ditongos foram reduzidos a uma só vogal. Então, reescreva o diálogo de acordo com a norma-padrão.

Pedro, você vai chegá cedo na casa do Paulinho?

PEDRO

PEDRO, VOCÊ VAI CHEGÁ CEDO NA CASA DO PAULINHO?

EU QUERO CHEGÁ BEM CEDO, POIS A GENTE VAI MONTÁ UM JOGO DE CAÇA AO TESOURO E ORGANIZÁ UMA CAXA DE LIVROS!

Eu quero chegá bem cedo, pois a gente vai montá um jogo de caça ao tesoro e organizá uma caxa de livros!

Rodrigo Cordeiro/ID/BR

_____

_____

_____

- O diálogo entre Vó Dita e Chico Bento se passa na zona rural. Já o diálogo entre os dois meninos ocorre na cidade. Pensando nisso, responda: A redução de **r** nos verbos no infinitivo e a redução dos ditongos em algumas palavras acontecem em quais contextos?

_____

_____

_____

4 Pesquise em jornais, revistas ou outros materiais impressos palavras escritas com os ditongos **ei**, **ou** e **ai**. Depois, registre-as a seguir.

a. Três palavras escritas com o ditongo **ei**.

_____

b. Três palavras escritas com o ditongo **ou**.

_____

c. Três palavras escritas com o ditongo **ai**.

_____

Navegar na leitura

Você vai ler dois poemas. Leia-os silenciosamente e, depois, em voz alta.

Poema 1

O poema a seguir trata de uma personagem presente em diversas canções, histórias, pinturas e outras expressões artísticas: a sereia.

- De que maneira essa personagem é tradicionalmente caracterizada? Explique.

- Como você acha que esse ser presente em diferentes culturas será descrito no poema?

Sereia

A sereia seria
mais ou menos assim:

da cintura pra cima: gente.
da cintura pra baixo: peixe.

Uma metade: **dama**.
a outra metade: **escamas**.

Mesmo assim, dividida,
a sereia é bonita.

Bicho misto, moça triste.
Metade nada feliz nas águas

enquanto a outra
se afoga em **mágoas**.

Metade Maria,
metade sardinha.

Por ser assim, dividida,
a sereia é bonita.

A sereia seria
ser e não ser.

> **dama:** forma de tratamento para chamar de maneira respeitosa e educada uma mulher.
>
> **escama:** cada uma das pequenas lâminas duras que cobrem o corpo de alguns animais, especialmente o dos peixes e o dos répteis.
>
> **mágoa:** ressentimento ou tristeza causados por falta de afeto ou de consideração.

Ilustração de André da Loba/ Editora Companhia das Letras

Eucanaã Ferraz. *Bicho de sete cabeças e outros seres fantásticos*. São Paulo: Companhia das Letrinhas, 2009. p. 15.

Poema 2

Observe agora o poema a seguir. Ele apresenta uma organização diferente da do poema **1**.

- No poema abaixo, há uma palavra que se repete. Qual é essa palavra?
- Em sua opinião, para entender o poema é suficiente apenas ler essa palavra? Explique.
- Você já leu algum poema em que o formato dele contribuísse para a construção do sentido do texto? Caso tenha lido, comente sobre esse poema.

vaidade vaidade vaidade   vaidade   vaidade
vaidade vaidade vaidade   vaidade   vaidade
vaidade   vaidade   vaidade
vaidade   vaidade   vaidade
vaidade vaidade vaidade   vaidade   vaidade
vaidade vaidade vaidade   vaidade   vaidade
vaidade   vaidade   vaidade
vaidade   vaidade   vaidade
vaidade vaidade vaidade   vaidade vaidade vaidade
vaidade vaidade vaidade   vaidade vaidade   id

Mauricio Schott Carneiro. Disponível em: https://liriconcreto.blogspot.com/2014/09/blog-post_63.html. Acesso em: 12 abr. 2021.

Mauricio Schott Carneiro/Acervo do artista

Texto e contexto

Além dos poemas organizados em versos e estrofes, existem os **poemas concretos**, como o poema "Eu", acima.

Nesses poemas, unem-se palavra e imagem com a finalidade de construir sentidos; por isso, no poema concreto, esses dois elementos não podem ser considerados isoladamente.

A imagem formada pelas palavras é tão importante quanto as palavras que compõem o poema.

A poesia concreta surgiu no Brasil na década de 1950 com o movimento artístico e cultural chamado Concretismo. Esse movimento propunha uma renovação literária, defendendo o fim do verso como unidade formal do poema e o aproveitamento do espaço da página para dispor livremente as palavras.

Ler para compreender

1 No poema **1**, a sereia é descrita. Ligue as características a seguir, de acordo com as estrofes do poema.

gente	magoada
feliz	metade sardinha
metade Maria	escamas
dama	peixe

2 Com base nas diferentes características da sereia, o que é possível supor sobre essa personagem? Assinale a alternativa correta.

☐ As características indicam que a sereia tem uma única forma de ser.

☐ As características revelam que a sereia tem diferentes modos de ser.

☐ As características da sereia mostram que nem todas as pessoas conseguem ter diferentes modos de ser.

3 Qual estrofe confirma, de forma resumida, a resposta indicada na atividade **2**? Copie essa estrofe.

_____

_____

4 Que relação pode ser estabelecida entre os modos de ser da sereia e o aspecto físico dela?

5 Duas estrofes do poema reforçam a informação de que a sereia é um ser dividido. Sublinhe essas estrofes.

6 Releia as seguintes estrofes.

> Uma metade: dama
> a outra metade: escamas.
>
> Mesmo assim, dividida,
> a sereia é bonita.

Ilustração de André da Loba/Editora Companha das Letras

- Releia, no primeiro glossário, o significado das palavras **dama** e **escama**. No contexto do poema, o que significam essas palavras?

_____

_____

As palavras podem ter diferentes sentidos, de acordo com a situação em que são utilizadas. Em poemas, é muito comum o uso de **linguagem figurada**, isto é, uso de palavras e expressões com um sentido diferente de seu significado mais comum, ou **literal**.

7 No poema, são utilizados recursos sonoros.

a. Quais palavras rimam no final das estrofes? Copie essas palavras.

_____

b. Em um dos versos do poema, há duas palavras que se diferenciam apenas pela adição de uma letra. Descubra quais são e transcreva essas palavras.

_____

Poema é o texto poético organizado em **versos**. Nos versos, as palavras podem rimar, apresentando sons finais semelhantes ou iguais. As **rimas** podem ocorrer no interior ou no final dos versos e elas são um dos recursos mais utilizados para dar sonoridade ao poema.

8 Qual som se repete de forma mais evidente no poema? Escolha uma cor e pinte as consoantes que representam esse som.

A repetição de um som é um recurso que pode intensificar o ritmo de um texto ou criar um efeito sonoro expressivo. Comum em poemas, esse recurso é chamado de **aliteração**.

9 O que se pode afirmar quanto à aliteração presente no poema?

○ A repetição de consoantes que representam o mesmo som ajuda a criar sonoridade no poema, mas essa repetição não se relaciona ao termo **sereia**.

○ A repetição de consoantes, que representam o mesmo som presente no termo **sereia**, ajuda a criar sonoridade no poema.

10 Releia o poema **2** e, depois, responda às questões.

    a. Do modo como o poema está organizado, é possível estabelecer relação entre duas palavras. Quais são essas palavras?

    _____

    b. De que modo a palavra **eu** é formada no poema?

    _____

    _____

    c. Considerando as palavras que compõem o texto, que característica é atribuída ao sujeito expresso no poema pelo pronome **eu**?

    _____

11 Leia a seguir o significado da palavra **vaidade**.

> **vaidade:** s.f. **1** Necessidade de ter as próprias qualidades reconhecidas e louvadas. **2** Cultivo da própria imagem.
>
> _Dicionário didático_: língua portuguesa. São Paulo: SM, 2009. p. 804.

    a. Em sua opinião, qual é a intenção do autor ao relacionar o pronome **eu** à palavra **vaidade**?

    b. Como você avalia a característica atribuída ao sujeito expresso pelo pronome **eu**? É uma característica positiva?

12 No final do poema, aparece a palavra **id**. Segundo a psicanálise, o **id** é um dos componentes que formam a personalidade humana. Ele consiste nos desejos, nas vontades e nos instintos de cada indivíduo. É a representação da impulsividade. O que a presença da palavra **id** no poema pode indicar?

    ☐ Que a vaidade é um impulso próprio do sujeito expresso pelo pronome **eu** e fonte de satisfação para ele.

    ☐ Que a vaidade é uma característica imposta, de modo que o sujeito expresso pelo pronome **eu** procura reprimi-la.

13 Você já refletiu sobre si mesmo? Agora, é a hora de pensar em suas particularidades. Cite uma característica sua que seja marcante, como a apresentada no poema "Eu". Quais características suas parecem contrárias, como as da sereia?

Dando asas à produção

Poema

O que vou produzir

Ao ler o poema "Sereia", você pôde conhecer alguns recursos utilizados para descrever a personagem de maneira poética, como rimas, aliterações e o uso de palavras com sentido figurado. Agora é sua vez de escrever, em dupla, um poema sobre um animal ou uma personagem. Depois, vocês vão declamá-lo para os colegas.

Para realizar a produção do poema, leia as orientações a seguir.

Orientações para a produção

1. Em dupla, selecionem o assunto do poema: um animal ou uma personagem (real ou fictícia).

2. Façam uma lista de palavras, com sentido literal ou figurado, que caracterizem esse animal ou essa personagem. Essas palavras podem estar relacionadas às características físicas, aos sentimentos demonstrados ou despertados por esse ser, a seu modo de viver, entre outros.

Graziela Andrade/ID/BR

3. Observem se há palavras que rimam para serem combinadas. Caso não haja, procurem sinônimos que possibilitem rimas.

4. Selecionem as palavras que farão parte do poema e relacione-as, criando sentidos. Realizem ao menos uma dessas relações usando palavras ou expressões em sentido figurado, criando um efeito original.

5. Releiam o poema "Sereia" e observem o formato em que ele foi construído. Baseiem-se na estrutura desse poema para falar das características do animal ou da personagem selecionada.

6. Lembrem-se de que o poema deve estar organizado em versos e estrofes.

7. Trabalhem a sonoridade e o ritmo do poema. Se possível, façam uso da aliteração, além das rimas internas e no final dos versos.

8. Por fim, deem um título ao poema.

Avaliação e reescrita

Releiam o poema que vocês fizeram e completem o quadro, pintando **sim** ou **não** para cada pergunta.

	Sim	Não
1. Organizamos o poema em versos e estrofes?	Sim	Não
2. Escrevemos um poema com rimas?	Sim	Não
3. Apresentamos a caracterização de um animal ou uma personagem?	Sim	Não
4. Escrevemos ao menos uma palavra ou expressão em sentido figurado?	Sim	Não
5. Demos um título ao poema?	Sim	Não

Com base na avaliação, façam as modificações que julgarem necessárias. Depois, escrevam a versão definitiva do poema.

Circulação do texto

- Para apresentar os poemas, será organizada uma atividade de declamação. Em datas e horários combinados com antecedência, cada dupla vai declamar o poema para a turma, conforme as orientações da seção *Olá, oralidade*.

QUERIA ADOTAR UM GATO MAS SÓ ENCONTREI UM PATO.

Rodrigo Cordeiro/ID/BR

Olá, oralidade

Declamação de poema

Declamar um poema não é apenas falar os versos em voz alta: é preciso apresentá-lo com emoção, observando o sentido de cada palavra e interpretando o texto como um todo.

Agora, você e seu colega vão se preparar para declamar para a turma o poema que vocês escreveram na seção *Dando asas à produção*. Para isso, leiam as orientações a seguir.

Orientações para a produção

1. Para preparar a declamação do poema, é importante ter algumas referências. Para isso, o professor apresentará um exemplo. Observem a entonação e a pronúncia das palavras.

2. Definam, em dupla, como se dará a declamação do poema que vocês criaram, identificando as estrofes ou versos que cada um vai declamar. Observem se há equilíbrio na divisão da declamação do poema, para que ninguém fique sobrecarregado.

3. Após essa definição, leiam o poema várias vezes até memorizá-lo. Mesmo que cada estudante declame apenas uma parte do poema, é importante que os dois saibam o poema todo.

4. Resolvam se, no dia da apresentação, a dupla vai usar adereços, como chapéus e vestimentas, ou compor um cenário com tecidos e objetos relacionados ao tema do poema. Providenciem com antecedência os materiais que serão usados para não esquecê-los na hora da apresentação.

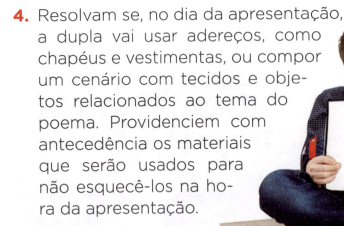

Ilustração: Davi Augusto/ID/BR
Fotografia: Shutterstock.com/ID/BR

Preparação da fala

1. Analisem o sentido dos versos a fim de escolher as palavras que devem ser pronunciadas com ênfase maior. Vocês podem se expressar, por exemplo, de um jeito mais triste, alegre ou reflexivo, dependendo do que diz cada verso.

2. Observem os sinais de pontuação e os momentos do poema em que deve haver pausas, exclamações, interrogações, etc.

3. Evitem gesticulação excessiva. Os gestos precisam acompanhar a declamação e estar de acordo com o conteúdo do poema.

4. Para preparar a declamação, ensaiem várias vezes e conversem sobre o que precisa ser melhorado (postura, direção do olhar, tom de voz, ritmo da fala, etc.).

5. Quando for a vez de os colegas se apresentarem, ouçam com atenção o poema que eles criaram.

Avaliação

Após o término da declamação, conversem com os colegas sobre as questões a seguir.

- As duplas memorizaram o poema que criaram?
- A divisão da declamação foi equilibrada entre os integrantes da dupla?
- Os estudantes declamaram o poema com expressividade? Deram ênfase a algumas palavras?
- Os sinais de pontuação foram respeitados durante a declamação?
- Os estudantes usaram tom de voz adequado para que o público os ouvisse?
- O ritmo da declamação e os gestos dos estudantes estavam adequados ao conteúdo do poema?

O texto que você vai ler a seguir é uma carta aberta.

- Você já leu alguma carta que foi escrita para ser publicada?
- Leia o título a seguir. Que assuntos você acha que o autor dessa carta poderia escrever a seu destinatário?

Carta aberta ao prefeito eleito de São Paulo

Vivo e moro em São Paulo. Sou um munícipe. Segundo o dicionário *Michaelis*, munícipe é a pessoa que **goza** dos direitos do município.

Moro e exerço minhas atividades em São Paulo. Sou um cidadão. Cidadão é: 1. habitante de uma cidade; 2. indivíduo no gozo dos direitos civis e políticos de um Estado (ainda segundo o *Michaelis*).

Mas sou mesmo?

Bem, tenho deveres: pago impostos, taxas, contribuições e tarifas exigidas pelo governo municipal. Cumpro a lei e **zelo** pelo patrimônio público, do qual **usufruo**. Faço exatamente o que deve fazer todo cidadão.

Mas também tenho direitos. Alguns desses garantidos pela Constituição. Por exemplo, o direito de ir e vir. Mas como exercer esse direito

> **gozar:** possuir, utilizar.
> **zelar:** cuidar.
> **usufruir:** usar algo, desfrutar.
> **acessibilidade:** possibilidade de acesso a um lugar.
> **urbanístico:** relacionado à cidade.
> **piso podotátil:** piso com textura e cores em destaque tendo como objetivo auxiliar na locomoção de cegos, pessoas com baixa visão, idosos, entre outros.
> **Língua Brasileira de Sinais (Libras):** língua de sinais reconhecida por lei como meio de comunicação e expressão de comunidades de surdos do Brasil.

básico se a cidade não tem **acessibilidade urbanística**? Nossas calçadas não são planas; pelo contrário, são repletas de degraus, buracos, desníveis e obstáculos aéreos que dificultam o livre trânsito de quem delas precisa.

As calçadas deveriam ter três faixas: a de serviços, próxima à guia, onde deveriam ficar postes, orelhões, lixeiras, etc.; a central, para o fluxo dos pedestres; e uma rente aos imóveis, de uso dos moradores. No entanto, visando quase que exclusivamente o fluxo de veículos, as calçadas foram ficando cada vez mais estreitas. Rebaixamentos próximos às faixas de travessia são poucos e os que têm **piso podotátil** quase inexistem.

Não é difícil encontrar prédios e equipamentos públicos sem rampas, elevadores e até sem banheiros para deficientes. Ou centros de atendimento público sem intérprete da **língua brasileira de sinais**.

Nem hospitais e escolas escapam da falta de acessibilidade.

Assim, a cidade que deveria ser para todos não atende às necessidades básicas de sua população mais necessitada. Idosos, crianças, deficientes, obesos e qualquer outro perfil que esteja fora do padrão de normalidade idealizado e estabelecido por **tecnocratas** e, infelizmente, **validado** pela maioria dos **legisladores** e pelo prefeito, sentem **usurpados** os seus direitos de cidadãos.

Então, neste período de transição, cabe perguntar ao ilustríssimo prefeito eleito de São Paulo: "O senhor vai atender às nossas reivindicações?".

Sidney Tobias de Souza, diretor da Adeva (Associação de Deficientes Visuais e Amigos).

> **tecnocrata:** pessoa que exerce um cargo público e procura soluções utilizando medidas técnicas, sem levar em conta as particularidades dos indivíduos.
> **validar:** tornar válido, legitimar.
> **legislador:** quem elabora leis.
> **usurpar:** tirar de alguém.

Jornal *Conviva*. Disponível em: http://www.adeva.org.br/jornalconviva/artigo_detalhe. php?jornal=61&registro=735. Acesso em: 12 abr. 2021.

Faixa de acesso   **Piso podotátil**   **Faixa central**   **Faixa de serviço**

▲ Padrão de como deveriam ser as calçadas no município de São Paulo, conforme lei de 2012.

Ler para compreender

1. A carta aberta foi escrita em primeira pessoa.

   a. Quem assina a carta?

   _____

   _____

   b. Que outra informação sobre o autor da carta consta no final do texto?

   _____

   _____

   c. A quem a carta é destinada?

   _____

   d. A carta trata de um assunto pessoal ou de interesse coletivo? Explique.

   _____

   _____

   _____

2. Nos parágrafos iniciais, o autor dá a definição de algumas palavras.

   a. Que palavras são definidas?

   _____

   b. Após as definições, o autor da carta faz uma pergunta. O que ele questiona?

   _____

3. O autor da carta apresenta exemplos para explicar a razão de se sentir desrespeitado. Assinale as situações que correspondem aos exemplos apresentados na carta.

   ☐ As calçadas estão cada vez mais estreitas, não havendo respeito às faixas de serviço, de fluxo de pessoas e de uso de moradores.

   ☐ Muitas pessoas desconhecem seus direitos de cidadãos.

   ☐ Há poucos rebaixamentos próximos às faixas de travessia (faixas de pedestres).

◯ Há poucos pisos podotáteis.

◯ Os ônibus não são adaptados às pessoas diferentes do perfil padrão.

◯ Há prédios e equipamentos públicos sem rampas, sem elevadores e sem banheiros para deficientes.

◯ Há centros de atendimento público sem intérprete da Língua Brasileira de Sinais (Libras).

▲ Calçada com rebaixamento próximo à faixa de pedestres e piso podotátil.

◯ Há hospitais e escolas nos quais falta acessibilidade.

4 Com base em exemplos, o que o autor da carta conclui?

_____

_____

5 A carta é finalizada com uma pergunta ao prefeito: "O senhor vai atender às nossas reivindicações?".

• O que o autor da carta reivindica ao se dirigir ao prefeito?

◯ Ele reivindica o direito de ir e vir de pessoas com problemas de locomoção, crianças, idosos, entre outros.

◯ Ele reivindica mudanças na forma de organização do município como um todo, incluindo melhorias nos serviços públicos de saúde e de educação.

6 No final do texto, uma palavra caracteriza o período em que a prefeitura de São Paulo se encontra no momento em que a carta é escrita.

a. Que palavra é essa?

_____

b. Procure essa palavra em um dicionário e selecione o significado que está de acordo com a situação apresentada na carta. Explique-o.

_____

_____

_____

c. Essa carta foi escrita em ano de eleição de prefeitos. Qual é a relação entre esse fato e a solicitação apresentada na carta?

_____

_____

_____

7 Observando a assinatura da carta, que relação pode ser estabelecida entre a associação da qual o autor faz parte e o tema tratado no texto? Assinale a afirmação correta.

☐ Por se tratar de uma associação de pessoas cegas, as reivindicações apresentadas na carta beneficiariam somente esse grupo de pessoas.

☐ O autor dirige uma associação de deficientes visuais e amigos e apresenta problemas relacionados à mobilidade urbana, principalmente em relação aos que necessitam de cuidados específicos.

8 O autor poderia ter enviado a carta diretamente ao prefeito. No entanto, escolheu publicá-la como carta aberta em um jornal da própria Associação de Deficientes Visuais e Amigos.

a. Por que o autor da carta fez essa escolha?

_____

_____

_____

b. Converse com os colegas e, juntos, escrevam as características da carta aberta que vocês leram.

_____

_____

_____

Carta aberta é um texto escrito para ser publicado e costuma tratar de assuntos de **interesse coletivo**. Esses textos podem ter como objetivo apresentar uma situação ou dar um alerta. Em alguns casos, a finalidade é mobilizar o interlocutor e os leitores em geral, a fim de encontrar uma solução para um problema apresentado. É comum o uso de **argumentos** para justificar e convencer o leitor sobre a causa em questão.

Caminhos da língua

Concordância entre artigo, substantivo e adjetivo

1 Releia a seguir um trecho da carta aberta que você estudou.

[...] as calçadas foram ficando cada vez mais estreitas.

▲ Calçada estreita na cidade de São Paulo.

a. Qual substantivo nomeia o tema desse trecho?

_____

b. Qual artigo acompanha esse substantivo?

_____

c. Nesse trecho, qual adjetivo caracteriza esse tipo de construção?

_____

d. O que as palavras indicadas nas respostas anteriores têm em comum? Assinale as alternativas corretas.

☐ Todas são do gênero feminino.

☐ Todas indicam tempo.

☐ Todas estão no plural.

☐ Todas indicam ação.

Conforme vimos na frase analisada acima, os **artigos** e os **adjetivos** **concordam** quanto ao número (plural e singular) e ao gênero (feminino e masculino) com os **substantivos** que os acompanham.

e. Se, nesse trecho, a palavra **calçadas** fosse substituída por **caminhos**, que palavras sofreriam alterações?

_____

• Escreva a seguir como o trecho ficaria.

_____

2 Releia este outro trecho da carta aberta.

> Nossas calçadas não são planas; pelo contrário, são repletas de degraus, buracos, desníveis e obstáculos aéreos que dificultam o livre **trânsito** de quem delas precisa.

a. Circule o adjetivo que caracteriza a palavra **trânsito**.

b. O que aconteceria com esse adjetivo se, em vez de **trânsito**, tivesse sido usada a palavra **circulação**?

_____

> Alguns adjetivos têm uma só forma para o feminino e o masculino. Veja este exemplo.
>
> Ana escreveu um **livro** excelente. Ana escreveu uma **obra** excelente.
>
> substantivo adjetivo   substantivo adjetivo
> masculino   feminino

3 Siga as orientações e reescreva as frases abaixo, flexionando os substantivos destacados e fazendo as adaptações necessárias.

a. Os **jovens** brasileiros estavam entusiasmados com o resultado da corrida. (singular e feminino)

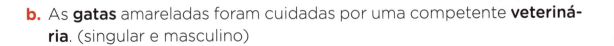

_____

_____

b. As **gatas** amareladas foram cuidadas por uma competente **veterinária**. (singular e masculino)

_____

_____

c. O rápido **cozinheiro** preparou uma **refeição** saudável. (plural)

_____

_____

d. O **garoto** bondoso ajudou o **amigo** cego a atravessar a rua. (feminino)

_____

Rodrigo Cordeiro/ID/BR

Jogos e brincadeiras

Desafios

Dica

Todas as respostas são escritas com ditongo **ei** ou **ou**.

1 Descubra as adivinhas a seguir. O que é, o que é...

a. Corre a casa inteira e vai dormir em um canto? _____

b. Tem pernas, mas não anda. Tem braço, mas não abraça? _____

c. De leite é feito, muito bom e nutritivo. Rima com beijo. _____

d. Não tem boca, mas mastiga, come muito e nunca engorda. Corta e fura, mas nunca briga? _____

e. Com a cabeça fica mais baixo e sem ela fica mais alto? _____

f. Se tirar quatro letras, sobram quatro pernas? _____

2 Descubra a ordem correta das palavras e escreva o texto no espaço indicado. Você conhecerá informações importantes sobre a diversidade da culinária brasileira. Siga as dicas ao lado.

Dicas

- A primeira frase já está na ordem correta.
- A palavra que inicia cada uma das frases está escrita com letra maiúscula.
- A última palavra de cada frase está em negrito.
- Preste atenção na concordância de artigos, adjetivos e substantivos!

Vatapá, feijoada, cocada, **acarajé**. / cardápios **brasileiros** lista de comidas influência É extensa a que têm africana nos. / **alimentos** dendê como leite Ingredientes coco o de e o acrescentam sabor aos.

_____

_____

_____

▲ Vatapá.

▲ Feijoada.

▲ Cocada.

▲ Acarajé.

Dando asas à produção

Carta aberta

O que vou produzir

Ao ler a carta aberta apresentada neste capítulo, você pôde conhecer uma forma diferente de propor um diálogo, opinar e reivindicar algo. Agora é sua vez de escrever, em grupo, uma carta aberta sobre algum problema ou questão polêmica observada na escola. Nessa carta, deve ser apresentado um problema ou uma situação polêmica vivenciada por vocês, suas consequências e uma proposta de solução.

Para realizar a produção do texto, leia as orientações a seguir.

Orientações para a produção

1. Em grupo, selecionem o problema, ou situação polêmica, que será tratado na carta aberta.

Rodrigo Cordeiro/ID/BR

2. A situação polêmica selecionada pode estar relacionada a conflitos entre estudantes, uso inadequado dos espaços escolares e do entorno, entre outros.

3. Definam quem será o destinatário. A carta pode ser direcionada aos colegas, professores, direção, demais funcionários ou à comunidade escolar em geral.

4. Escrevam, em tópicos, as consequências da situação tratada. Para isso, vocês podem citar exemplos de acontecimentos vivenciados no dia a dia da escola. Para evitar constrangimentos, não citem o nome das pessoas nem usem termos agressivos. O texto de vocês deve apresentar o problema de forma crítica, mas sempre mantendo o respeito.

5. Identifiquem-se no primeiro parágrafo da carta e apresentem o ponto de vista dos integrantes do grupo sobre o problema, mostrando a importância de dialogar sobre a situação.

6. Se possível, proponham pelo menos uma solução para o problema ou situação polêmica vivenciada.

7. Após organizar todos os itens que vão compor a carta aberta, usem a linguagem formal para escrevê-la.

8. No início da carta, lembrem-se de indicar quem é o destinatário e, no final, assinem com o nome de todos os integrantes do grupo.

Avaliação e reescrita

Releiam a carta e, em grupo, pintem **sim** ou **não** nos itens abaixo.

1. A carta aberta que escrevemos apresenta um problema ou uma situação polêmica relacionada ao dia a dia da escola?	Sim	Não
2. Escrevemos o destinatário na carta?	Sim	Não
3. Apresentamo-nos no primeiro parágrafo da carta?	Sim	Não
4. Apontamos na carta o ponto de vista dos integrantes do grupo sobre a situação tratada?	Sim	Não
5. Usamos exemplos que demonstram a importância de dialogar sobre a situação?	Sim	Não
6. Escrevemos o texto com uma linguagem formal e respeitosa?	Sim	Não

Considerando a avaliação, façam as modificações necessárias e escrevam a versão definitiva da carta para publicá-la no mural da escola. Para isso, o grupo poderá digitá-la usando uma fonte de tamanho adequado ou passá-la a limpo em uma folha avulsa, de forma que fique legível a certa distância.

Circulação do texto

* A carta será publicada em mural montado em um espaço da escola que seja adequado à proposta. Em datas e horários combinados com antecedência, o grupo afixará a carta aberta para que o destinatário – e toda a comunidade escolar – possa lê-la e refletir sobre as questões nela levantadas.

Rodrigo Cordeiro/ID/BR

Propaganda

Nesta seção, você vai conhecer uma propaganda da Fundação Dorina Nowill, uma instituição que tem como objetivo promover a inclusão de crianças, jovens e adultos cegos e com baixa visão por meio de projetos como livros acessíveis em diversos formatos, revista falada, cursos, entre outros.

Você pode ver os resultados. Eles sentem.

Na Fundação Dorina Nowill para Cegos, milhares de pessoas com deficiência visual recebem o apoio necessário para a sua autonomia e independência. Oferecemos sempre o melhor atendimento: ensino do Sistema Braille e de técnicas para as atividades da vida diária, apoio psicológico e social com a participação da família, e colocação profissional. Além disso, produzimos e distribuímos livros em braille, áudio e digital acessível Daisy. Sem os nossos parceiros, que contribuem a cada dia mudando a vida de crianças, jovens e adultos cegos ou com pouca visão, nada disso seria possível.

Seja um transformador, ajude-nos e contribua para esta causa!

0300 777 0101

Custo de ligação local.

Rua Doutor Diogo de Faria, 558 • Vila Clementino • São Paulo/SP • 04037-002 • **www.fundacaodorina.org.br**

Agência EHI/Acervo da agência

Fundação Dorina Nowill. Disponível em: http://agenciaeh.com.br/dorina-nowill-anuncio/. Acesso em: 12 abr. 2021.

1 A imagem na propaganda é composta de fotos e outros elementos visuais que formam um rosto.

a. Que elementos são esses?

_____

b. Em relação às fotos, quais cenas podemos ver nelas?

_____

_____

_____

c. Em sua opinião, qual é a relação entre as fotos e a Fundação?

_____

2 Além da imagem, a propaganda apresenta o *slogan* "Você pode ver os resultados. Eles sentem".

a. A quem a palavra **você** faz referência?

_____

b. A palavra **eles** se refere a quem?

_____

_____

c. No *slogan*, a palavra **resultados** faz referência a quê?

☐ A palavra **resultados** faz referência aos avanços das pessoas atendidas pela Fundação.

☐ A palavra **resultados** faz referência aos benefícios obtidos por todos aqueles que auxiliam a Fundação.

3 Os verbos **ver** e **sentir** revelam uma diferença na maneira de perceber o mundo. Segundo o *slogan*, o modo como "você" e "eles" percebem os resultados é diferente. Qual é a diferença?

4 Abaixo do *slogan* há um texto. Sobre ele, é correto afirmar que:

☐ revela a quantidade de pessoas que podem ser atendidas pela Fundação ao longo do ano.

☐ apresenta um resumo das ações realizadas pela Fundação e afirma que, sem os parceiros, esse trabalho não aconteceria.

Vamos compartilhar!

Dicas de livros e partilha de leituras

Nos capítulos 7 e 8, você conheceu histórias e situações que revelam a diversidade relacionada à cultura, aos costumes e às formas de ser das pessoas e de perceber os acontecimentos.

Nossas vivências possibilitam conhecer diversas realidades e modos de interpretá-las. Essas experiências de vida e as leituras que fazemos ampliam nossa percepção das diferentes visões de mundo e compreensão dos fatos.

Nesta atividade, cada estudante vai selecionar um livro da biblioteca escolar sobre uma história relacionada à diversidade social, étnica ou cultural. Após ler o livro, haverá um momento de partilha oral com a classe, para que todos possam conhecer um pouco do que foi lido pela turma e fiquem motivados para ler e descobrir ainda mais sobre a história comentada pelo colega!

Seleção de livro e leitura autônoma

1. Para iniciar a atividade, escolha um dos livros indicados pelo professor ou pelo bibliotecário. De acordo com o prazo estipulado, leia o livro.

2. Para auxiliar no trabalho posterior de partilha, ao longo da leitura registre no caderno as características positivas do livro e aquelas de que você não gostou tanto.

3. Ao final da leitura, escreva se você indicaria a obra aos colegas, explicando por quê.

4. Registre também o título do livro, o autor e a editora que o publicou.

Ilustração: Maria Gabriela Gama/ID/BR; Fotografias: Shutterstock.com/ID/BR

Preparação da apresentação da leitura realizada

1. A classe será organizada em trios. Nesse momento, cada estudante vai apresentar aos demais integrantes do grupo o tema da obra e as características positivas e/ou negativas do livro e dizer se indicaria ou não sua leitura.

2. Após essa partilha inicial, os integrantes do trio indicarão a seus pares se o tema foi apresentado com clareza, se os aspectos positivos e/ou negativos da obra estão bem definidos e se a indicação da leitura foi convincente. Além disso, poderão apresentar sugestões para melhorar a apresentação oral do colega.

3. Finalizada a partilha nos trios, cada estudante deverá organizar sua apresentação da obra para a turma inteira, considerando as sugestões dos colegas e fazendo as alterações que julgar necessárias.

4. Para realizar a apresentação final, o professor vai entregar a cada estudante uma folha com a imagem de um livro em branco. Em seguida, eles farão um desenho ou uma colagem representando algo que leram no livro. Nessa folha, deverá constar o título da obra, o autor e a editora.

Troca de leituras

1. No dia destinado a essa atividade, o professor vai organizar todos os livros lidos em uma caixa ou no cantinho de leitura, para serem apresentados à turma e disponibilizados para empréstimo.

2. Em uma roda de conversa, cada estudante vai mostrar o livro que leu e dizer o tema da obra, os pontos positivos e/ou negativos e se indicaria a leitura, justificando sua opinião.

3. Mostre à turma o desenho ou a colagem produzidos e comente o que foi retratado. Depois, cole o desenho no local indicado pelo professor.

4. Após as partilhas, os estudantes poderão emprestar os livros indicados, de acordo com as orientações do bibliotecário ou do professor.

Avaliação

Após a realização da atividade, conversem sobre as seguintes questões.

- Os livros selecionados tratavam de temas relacionados à diversidade?
- As apresentações indicaram as características das obras?
- Os desenhos ou as colagens ajudaram os colegas a ter uma ideia mais precisa do livro apresentado?
- Os estudantes demonstraram interesse pelos livros indicados?

Vocabulário

Esta seção apresenta o significado de algumas palavras que você viu ao longo do capítulo. Note que algumas delas podem assumir mais de um sentido, dependendo do contexto em que são utilizadas. Leia essas palavras em voz alta para verificar a pronúncia adequada.

dama <**da**.ma>

1. Mulher que forma par com um cavalheiro durante uma dança.
   Durante a dança da quadrilha, cada cavalheiro deve dançar com sua dama.
2. Mulher cortejada por um homem durante a Idade Média.
   O trabalhador do feudo tratava com cortesia a dama pela qual se apaixonara.

materializar <ma.te.ri.a.li.**zar**>

1. Dar aparência material a algo.
   Eles materializaram um sonho ao projetar a casa nova.
2. Considerar como matéria algo que é imaterial.
   Nossos desejos não podem ser materializados.

orelhão <o.re.**lhão**>

Cabine com telefone público, geralmente instalada em calçadas.
Na época de minha avó, a comunicação era feita pelos orelhões.

Ilustradores: Katharine Frota/ID/BR

sardinha <sar.**di**.nha>

1. Peixe muito pequeno que vive em cardumes e é usado como alimento.
   Hoje, durante a pesca, vi um cardume de sardinhas.
2. Tipo de brincadeira feita com as mãos.
   Durante o intervalo das aulas, costumamos brincar de sardinha.

zelar <ze.**lar**>

1. Ter ciúmes de algo ou alguém.
   Meu cachorro zela seus brinquedos; quando está brincando, não deixa ninguém chegar perto.
2. Ficar atento a alguém ou a algo.
   O pai zela, com amor, o filho no berço.

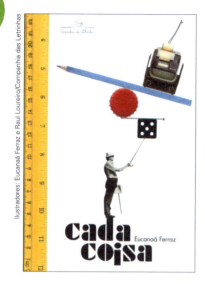

Ilustradores: Eucanaã Ferraz e Raul Loureiro/Companhia das Letrinhas

***Cada coisa*, de Eucanaã Ferraz.
Editora Companhia das Letrinhas.**

Nesse livro, o poeta Eucanaã Ferraz utiliza elementos do cotidiano como inspiração para poemas que convidam o leitor a ver o mundo de um jeito diferente. Tesoura, caderno, prego, dado, anel e muitos outros objetos são vistos de uma perspectiva inusitada e muito criativa.

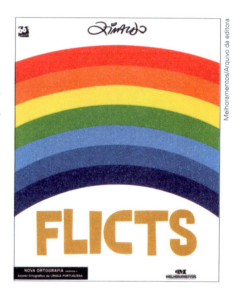

Melhoramentos/Arquivo da editora

***Flicts*, de Ziraldo. Editora Melhoramentos.**

Por meio de ilustrações, é contada a história de Flicts, uma cor que não conseguia se encaixar em nenhum lugar e era incompreendida por todos. Depois de várias experiências, Flicts percebe que, por mais diferentes que sejam, todos podem encontrar o seu lugar.

Ática/Arquivo da editora

***Poemas para brincar*, de José Paulo Paes.
Editora Ática.**

Livro clássico da poesia infantil brasileira, em que o poeta convida seus leitores a brincar com o sentido e a sonoridade das palavras da língua portuguesa.

1 Leia a tira a seguir.

Adão Iturrusgarai. *Folha de S.Paulo*, São Paulo, 27 fev. 2015.

• Procure em um dicionário o significado da palavra **cartomante** e registre o sentido adequado à situação apresentada na tira.

_____

_____

2 Observe a sequência dos quadrinhos.

a. No primeiro quadrinho, qual parece ser a expectativa do menino?

_____

b. Em que quadrinho começa a mudança na expectativa do menino?

_____

c. Por que a expectativa inicial é alterada?

_____

3 Que situação apresentada na tira rompe com a expectativa do leitor e provoca humor?

_____

_____

4 Na tira, há uso de onomatopeia.

a. Identifique e circule a onomatopeia na tira. Que som ela representa?

_____

b. Explique a importância do uso da onomatopeia para a construção de sentido da história.

5 Leia o poema a seguir.

Quem sou eu?

O mundo inteiro em sua mão
Preto e branco ou colorido,
Vamos, me diga quem sou eu,
Com este meu olhar de vidro.

(televisão)

Sérgio Capparelli. *111 poemas para crianças.*
Porto Alegre: L&PM, 2006. p. 95.

Esse poema tem relação com textos que promovem brincadeiras entre as pessoas, em especial as crianças.

a. Que textos são esses?

_____

b. Considerando a estrutura do poema, quais características lembram o formato do texto indicado na resposta anterior?

_____

_____

_____

6 No poema, que palavras apresentam rima?

_____

7 Na expressão "o mundo inteiro" há concordância entre o artigo, o substantivo e o adjetivo. Esses termos concordam em relação a quê?

☐ O artigo **o** e o adjetivo **inteiro** concordam em gênero e em número com o substantivo **mundo**.

☐ O artigo **o** concorda em gênero e em número com o substantivo **mundo** e o adjetivo **inteiro** concorda somente em gênero com o substantivo.

8 Neste capítulo, você leu textos que apresentam diferentes maneiras de ser e de perceber o mundo. Em sua opinião, é importante reconhecer a diversidade e valorizar o modo como as pessoas vivem e percebem as situações? Por quê?

Saber Ser

A cada ano escolar, você e seus colegas vivenciam novos desafios e ampliam seus conhecimentos. Você já parou para pensar nisso? As atividades a seguir vão ajudá-lo a avaliar alguns dos conhecimentos que você adquiriu ao longo deste ano.

 Leia o verbete de uma enciclopédia digital e responda à pergunta.

Pipa

Introdução

A pipa é um **brinquedo** muito usado em dias de **vento**. É feita com uma armação de varetas de madeira coberta por **papel** de seda, plástico ou tecido. Uma linha comprida presa na armação ajuda a empinar a pipa ao vento. [...]

▲ O ar é essencial para fazer as pipas voarem.

Como empinar a pipa

A maneira mais fácil de empinar uma pipa é com duas pessoas: uma segura a pipa contra o vento e a outra fica a certa distância, segurando a linha. Quando a linha está bem esticada, o vento empurra a pipa, levantando-a e fazendo-a flutuar no **ar**. [...]

História

As primeiras pipas surgiram há cerca de 3 mil anos, provavelmente na **China**. As varetas de bambu eram recobertas de seda.

[...]

No **Brasil**, empinar pipas é uma brincadeira muito popular entre crianças e jovens, nos meses em que há mais vento (por exemplo, em agosto, na **região Sudeste**). Em diferentes regiões do país, a pipa é conhecida por outros nomes, como papagaio, pandorga, quadrado, arraia e barrilete. Um modelo simples, feito de um pedaço de **jornal** preso nas pontas com linha de costura, é chamado de capucheta.

Jamais se devem empinar pipas próximo a fios elétricos — por exemplo, nas ruas da cidade. Os lugares mais adequados são praias, campos ou parques em que não haja postes nem fios de eletricidade por perto.

Pipa. Em: *Britannica Escola*, 2021. Disponível em: https://escola.britannica.com.br/artigo/pipa/481662. Acesso em: 14 abr. 2021.

• De acordo com o verbete, do que a pipa é feita?

_____

_____

_____

2 Segundo o texto, que lugares são mais indicados para empinar pipa?

_____

_____

_____

3 Com que finalidade esse verbete enciclopédico foi produzido?

☐ Para divertir o leitor.

☐ Para ensinar comportamentos adequados.

☐ Para expor conhecimentos construídos ao longo do tempo.

4 Considerando que o verbete foi publicado na internet, o que são as palavras destacadas em azul e o que elas indicam?

_____

_____

_____

5 Em qual dupla de palavras é comum ocorrer a redução do ditongo na fala espontânea, ou seja, é comum não pronunciar uma das vogais?

☐ régua, contrário   ☐ dois, gratuito

☐ diversão, multidão   ☐ caixa, madeira

6 Em qual trecho a vírgula foi usada para separar itens em enumeração?

☐ "Quando a linha está bem esticada, o vento empurra a pipa, levantando-a e fazendo-a flutuar no ar."

☐ "[...] a pipa é conhecida por outros nomes, como papagaio, pandorga, quadrado, arraia e barrilete."

☐ "Um modelo simples, feito de um pedaço de jornal preso nas pontas com linha de costura, é chamado de capucheta."

7 Leia abaixo a resenha do filme *Frozen 2.*

Frozen 2 (2020): mensagem importante

Alguns filmes se tornam sucessos de bilheteria sem que isso pudesse ser previsto pelos produtores. Em 2013, quando a Disney lançou *Frozen: uma aventura congelante*, dificilmente estava esperando que a animação se tornasse um dos seus maiores sucessos de bilheteria. Mas aconteceu que *Let it Go* se tornou um *hit* e não demorou para que o filme recebesse uma sequência. *Frozen 2* segue a narrativa do antecessor e discute sobre a importância da família e de seguir seus próprios caminhos, mas carece de uma identidade própria.

[...]

Do ponto de vista narrativo, *Frozen 2* soma acertos ao mostrar que as personagens do primeiro filme evoluíram [...]. Elsa, agora não mais assombrada pelos poderes, se mostra mais confiante, enquanto Anna busca encontrar seu lugar no mundo. Porém, o filme tem dificuldade em encontrar uma identidade, e, dependendo muito de conceitos apresentados no primeiro longa, aqui é possível sentir uma certa falta de originalidade.

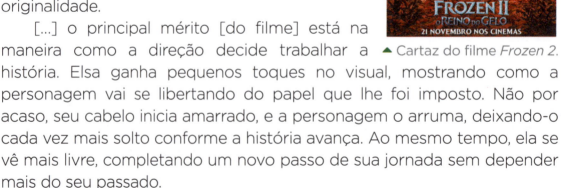

▲ Cartaz do filme *Frozen 2.*

[...] o principal mérito [do filme] está na maneira como a direção decide trabalhar a história. Elsa ganha pequenos toques no visual, mostrando como a personagem vai se libertando do papel que lhe foi imposto. Não por acaso, seu cabelo inicia amarrado, e a personagem o arruma, deixando-o cada vez mais solto conforme a história avança. Ao mesmo tempo, ela se vê mais livre, completando um novo passo de sua jornada sem depender mais do seu passado.

[...] o discurso de *Frozen 2* é o que há de mais importante na obra. Assim como aconteceu no seu antecessor, empoderar personagens femininas, dar escolhas e permitir que elas quebrem expectativas — impostas pela família ou pela sociedade —, faz desta sequência um feliz caso de um passo à frente (embora o filme se recuse a se assumir de tal maneira). Elsa tem uma jornada de escolhas e liderança, assim como Anna não se permite ser limitada por qualquer outro personagem do longa.

Robinson Samulak Alves. Frozen 2 (2020): mensagem importante. *Cinema com rapadura.* Disponível em: https://cinemacomrapadura.com.br/criticas/567843/critica-frozen-2-2020-mensagem-importante/. Acesso em: 22 abr. 2021.

- Segundo o autor, quais os pontos positivos e negativos de *Frozen 2*?

_____

_____

_____

_____

8 Copie um trecho da resenha no qual fica clara a opinião do autor do texto sobre o filme.

_____

_____

_____

9 A finalidade da resenha é:

☐ apresentar o resumo de uma história.

☐ dar informações e a opinião do autor sobre um filme, livro, etc.

☐ informar sobre um fato recente.

10 Em qual trecho a palavra **o** retoma um termo já mencionado?

☐ "Porém, o filme tem dificuldade em encontrar uma identidade [...]".

☐ "Não por acaso, seu cabelo inicia amarrado, e a personagem o arruma, deixando-o cada vez mais solto conforme a história avança."

☐ "[...] o discurso de *Frozen 2* é o que há de mais importante na obra."

11 Assinale o trecho da resenha no qual a concordância entre o adjetivo e o substantivo ocorre no plural.

☐ "[...] *Frozen 2* soma acertos ao mostrar que as personagens do primeiro filme evoluíram [...]."

☐ "Elsa ganha pequenos toques no visual [...]."

☐ "Elsa tem uma jornada de escolhas e liderança [...]."

12 Assinale a palavra em que a letra **s** é pronunciada como em **pre*s*a**.

☐ solto   ☐ personagens   ☐ sentir   ☐ recuse

Bibliografia comentada

ADAMS, Marilyn Jager; FOORMAN, Barbara R.; LUNDBERG, Ingvar; BEELER, Terri. *Consciência fonológica em crianças pequenas*. Porto Alegre: Artmed, 2006.
O livro traz fundamentos teóricos e atividades práticas para trabalhar a consciência fonológica em jogos de linguagem, jogos de escuta, rimas, consciência de palavras e frases, e consciências silábica e fonêmica. Também apresenta instrumentos de avaliação.

BAKHTIN, Mikhail. *Estética da criação verbal*. Tradução de Paulo Bezerra. 6. ed. São Paulo: WMF Martins Fontes, 2011.
Obra canônica da área de linguagem, composta de ensaios relacionados à compreensão dialógica da língua. O livro é um dos pilares teóricos para a concepção do trabalho com os gêneros textuais.

BECHARA, Evanildo. *Moderna gramática portuguesa*. 37. ed. Rio de Janeiro: Lucerna, 1999.
Obra que enfoca a abordagem normativa da língua portuguesa, considerando aspectos linguísticos e pesquisas sobre o uso do idioma.

BRASIL. Ministério da Educação. Secretaria de Alfabetização. *Política Nacional de Alfabetização*. Brasília: MEC/Sealf, 2019.
Com base em estudos da ciência cognitiva da leitura, a Política Nacional de Alfabetização apresenta a literacia e a numeracia como processos fundamentais para o desenvolvimento das capacidades e competências envolvidas no processo de alfabetização. Além disso, destaca os seis pilares nos quais se devem apoiar os currículos e as práticas de alfabetização: consciência fonêmica, instrução fônica sistemática, fluência em leitura oral, desenvolvimento de vocabulário, compreensão de textos e produção de escrita.

BRASIL. Ministério da Educação. Secretaria de Alfabetização. *Relatório nacional de alfabetização baseada em evidências*. Brasília: MEC/Sealf, 2020. Disponível em: https://www.gov.br/mec/pt-br/media/acesso_informacao/pdf/RENABE_web.pdf. Acesso em: 6 maio 2021.
Principal produto da I Conferência Nacional de Alfabetização Baseada em Evidências (Conabe), o relatório consolida e organiza o conteúdo científico que trata de aspectos cognitivos envolvidos no ensino e na aprendizagem. O conteúdo dos capítulos transita por disciplinas e temáticas variadas: ciências cognitivas, neurobiologia, currículo, aprendizagem e ensino da literacia e da numeracia, autorregulação infantil, distúrbios em diferentes contextos, boas práticas, formação de professores e avaliação. Também conta com um esclarecedor glossário final.

BRASIL. Ministério da Educação. Secretaria de Educação Básica. *Base Nacional Comum Curricular*: educação é a base. Brasília: MEC/SEB, 2018.
Documento de caráter normativo no qual são definidas as aprendizagens essenciais nas diferentes etapas e modalidades de ensino no nível da Educação Básica. Tem como principal objetivo balizar a qualidade da educação no Brasil, norteando os currículos e as propostas pedagógicas de todas as escolas públicas e privadas.

CAGLIARI, Luiz Carlos. *Alfabetização & linguística*: da oralidade à escrita. São Paulo: Cortez, 2006.
Abordando a aplicação de princípios linguísticos na interpretação e na solução de problemas técnicos relativos à fala e à escrita no processo de alfabetização, o autor transita por tópicos como o funcionamento da fala, a variação linguística, o sistema de escrita e o ato de escrever, além de analisar desvios ortográficos em textos produzidos por crianças.

COLOMER, Teresa; CAMPS, Ana. *Ensinar a ler, ensinar a compreender*. Porto Alegre: Artmed, 2003.
A obra discute a importância de ensinar a leitura como objeto de conhecimento, propondo um trabalho com estratégias que precisam estar explícitas no processo formativo do sujeito competente para ler e compreender textos. É fundamental ressaltar que, para as autoras, a leitura é uma reconstrução dos sentidos do texto pelo leitor, que aciona referências, experiências e conhecimentos durante o ato de ler.

EHRI, Linnea C. Aquisição da habilidade de leitura de palavras e sua influência na pronúncia e na aprendizagem do vocabulário. *In*: MALUF, Maria Regina; CARDOSO-MARTINS, Cláudia (org.). *Alfabetização no século XXI*: como se aprende a ler e a escrever. Porto Alegre: Penso, 2013.
Esse artigo apresenta alguns tópicos do trabalho que Ehri desenvolveu sobre aprendizagem de leitura e compreensão de textos com facilidade e rapidez, tema que desafia os pesquisadores até os dias atuais. A autora discorre sobre o desenvolvimento da habilidade de leitura de palavras em fases e exemplifica como a grafia afeta a pronúncia e a memória na construção de vocabulário.

FÁVERO, Leonor Lopes; ANDRADE, Maria Lúcia da Cunha V. de Oliveira; AQUINO, Zilda Gaspar de. *Oralidade e escrita*: perspectivas para o ensino da língua materna. 8. ed. São Paulo: Cortez, 2017.
Esse livro trata de questões relacionadas à linguagem verbal, nas modalidades oral e escrita, com enfoque voltado para o trabalho prático realizado em sala de aula.

FOUNTAS, Irene; PINNELL, Gay Su. *Teaching for comprehending and fluency*. Portsmouth, NH: Heinemann, 2006.

Esse livro apresenta uma proposta de como ensinar com eficiência a construção de significados e a fluência em leitura. Também contribui para a compreensão dos níveis de leitura dos estudantes: onde eles estão, onde deveriam estar e o que precisam fazer para chegar lá. Acompanha DVD com vídeos curtos que demonstram a aplicação dos conceitos do livro em sala de aula.

FRANCHI, Eglê Pontes. *Pedagogia da alfabetização*: da oralidade à escrita. São Paulo: Cortez, 2006.

Como professora e pesquisadora participante do próprio estudo, a autora associa dados de pesquisa à prática pedagógica. Considerando que o processo de aquisição da grafia pode não ser suficiente para abarcar a riqueza oral e vocabular das crianças, a obra privilegia um olhar para a correlação entre a oralidade e a escrita, oferecendo pistas de reflexão sobre a variação linguística no processo de alfabetização.

FUZER, Cristiane; CABRAL, Sara Regina Scotta. *Introdução à gramática sistêmico-funcional em língua portuguesa*. Campinas: Mercado de Letras, 2014.

As autoras propõem a análise da língua portuguesa sob a perspectiva da linguística sistêmico-funcional, que concebe a linguagem como um sistema de escolhas com base no qual os sentidos são construídos.

GERALDI, João Wanderely. *Portos de passagem*. 5. ed. São Paulo: Martins Fontes, 2013.

Baseando-se em conexões entre o trabalho de pesquisa linguística e conteúdos escolares, a obra aborda perspectivas relacionadas a produção de texto, leitura e análise linguística.

GOMBERT, Jean Emile. Atividades metalinguísticas e aprendizagem da leitura. *In*: MALUF, Maria Regina (org.). *Metalinguagem e aquisição da escrita*: contribuições da pesquisa para a prática da alfabetização. São Paulo: Casa do Psicólogo, 2003.

O texto de Gombert, diretor do Centro de Pesquisa em Psicologia da Cognição e Comunicação da Universidade de Rennes, é um aporte entre outras contribuições presentes no livro em destaque. Analisa a relação entre a atividade metalinguística e a alfabetização sob o viés teórico-prático. Evidencia também as contribuições do ato de ler na formação pessoal e profissional do professor.

ILHA, Susie Enke; LARA, Claudia Camila; CORDOBA, Alexander Severo. *Consciência fonológica*: coletânea de atividades orais para a sala de aula. Curitiba: Appris, 2017.

No contexto do trabalho com a consciência fonológica nos anos iniciais da Educação Básica, a obra reúne atividades para apoiar essa prática, fundamentadas em literatura especializada. Além dos tópicos iniciados por referências teóricas, apresenta uma coletânea de textos favoráveis à aplicação das atividades orais: poemas, trava-línguas, cantigas, entre outros.

KOCH, Ingedore Villaça. *As tramas do texto*. 2. ed. São Paulo: Contexto Universitário, 2014.

A obra discute e analisa a construção de sentido dos textos em diferentes situações, destacando a relação estabelecida entre leitor, texto e autor no processo comunicativo.

LEMLE, Miriam. *Guia teórico do alfabetizador*. 17. ed. São Paulo: Ática, 2007.

Importante e necessária, essa obra apresenta ao professor alicerces teóricos acerca da língua e de sua representação, abordando as unidades linguísticas e respectivos mecanismos de funcionamento. A compreensão de tais alicerces propicia ao professor maior consciência acerca do processo de alfabetização e das capacidades que as crianças precisam desenvolver, habilitando-o a atuar efetivamente para favorecer o sucesso dos estudantes na aquisição do sistema alfabético de escrita.

MALUF, Maria Regina; CARDOSO-MARTINS, Cláudia (org.). *Alfabetização no século XXI*: como se aprende a ler e a escrever. Porto Alegre: Penso, 2013.

Essa obra aborda o ensino da leitura e da escrita sob a ótica da psicologia cognitiva da leitura, pautando-se em evidências identificadas por estudos de diferentes áreas associadas à ciência da leitura, entre elas a psicologia e as neurociências. Tais evidências revelam a complexidade das operações mentais mobilizadas no aprendizado da leitura, esclarecendo as conexões entre leitura e cognição. Assim, são discutidas investigações realizadas por diversos pesquisadores, nacionais e estrangeiros, que se debruçam sobre esta que é uma das questões sensíveis à realidade da educação no Brasil: o êxito na alfabetização, bem como na aprendizagem e no domínio, pelas crianças, da linguagem escrita; o que vai impactar nos níveis de competência em leitura necessários ao exercício substancial da cidadania.

MARCUSCHI, Luiz Antônio. *Linguística de texto*: o que é e como se faz? São Paulo: Parábola, 2012.

O livro apresenta uma abordagem relacionada ao estudo da comunicação humana alinhada ao ensino da língua na perspectiva da linguística textual, na qual os efeitos de sentido podem ser construídos por meio de escolhas lexicais, sintáticas, entre outras possibilidades.

MARQUESI, Sueli Cristina; CABRAL, Ana Lucia Tinoco; MINEL, Jean-Luc (org.). *Leitura, escrita e tecnologias da informação*. São Paulo: Terracota, 2015. (Linguagem e Tecnologia, v. 1).

Nessa obra são analisadas perspectivas acerca do trabalho com habilidades leitoras e de escrita envolvendo situações relacionadas às tecnologias digitais e ao ambiente escolar.

MORAIS, Artur Gomes de. *Ortografia*: ensinar a aprender. 5. ed. São Paulo: Ática, 2010.

A obra aborda aspectos teóricos e procedimentais relacionados ao ensino da ortografia, com proposições de abordagens para a sala de aula.

Morais, José. *Criar leitores*: para professores e educadores. Manole: São Paulo, 2013.

Baseando-se em estudos científicos, o autor discorre sobre os processos cognitivos implicados na alfabetização e sobre o que acontece no cérebro do estudante quando ele aprende a ler e a escrever. O livro recomenda ações para promover a alfabetização eficiente, por meio de intervenções pontuais, a fim de prevenir ou resolver eventuais dificuldades que podem aparecer durante a aprendizagem da leitura e da escrita.

Perrenoud, Philippe. *Dez novas competências para ensinar*. Tradução de Patrícia Chittoni Ramos. Porto Alegre: Artmed, 2000.

O autor desenvolve, ao longo da obra, concepções e estratégias sobre o fazer pedagógico no mundo contemporâneo, indicando competências profissionais relacionadas ao desenvolvimento de um ensino significativo, reflexivo e desafiador para os estudantes.

Schneuwly, Bernard; Dolz, Joaquim. *Gêneros orais e escritos na escola*. Tradução de Glaís Sales Cordeiro e Roxane Rojo. Campinas: Mercado de Letras, 2004.

A obra analisa diversas possibilidades de trabalho com gêneros orais e escritos na esfera escolar, abrangendo aspectos relativos ao planejamento e à progressão do trabalho com gêneros textuais.

Seabra, Alessandra Gotuzo; Capovilla, Fernando César. *Teste de Competência de Leitura de Palavras e Pseudopalavras (TCLPP)*. São Paulo: Memnon, 2010.

O livro apresenta fundamentos e tópicos explicativos acerca do TCLPP. Instrumento empregado para avaliar a competência de leitura silenciosa de palavras isoladas, o teste é útil para auxiliar o diagnóstico de situações específicas relacionadas à aquisição da leitura e permite inferir o estágio de desenvolvimento em que se encontra a criança envolvida nesse processo.

Soares, Magda. *Alfaletrar*: toda criança pode aprender a ler e a escrever. São Paulo: Contexto, 2020.

Considerando a importância de se compreender a alfabetização como a aprendizagem de um sistema de representação, em que signos (grafemas) representam os sons da fala (fonemas), bem como reconhecendo estudos e pesquisas sobre oralidade e escrita desenvolvidos particularmente pela psicologia do desenvolvimento e pela psicologia cognitiva, a autora propõe que a alfabetização como técnica caminhe junto com o desenvolvimento explícito e sistemático de habilidades e estratégias de leitura e de escrita.

Solé, Isabel. *Estratégias de leitura*. Tradução de Cláudia Schilling. Porto Alegre: Artmed, 1998.

A autora apresenta diversas possibilidades de trabalho relacionado à compreensão e análise textual, propondo estratégias voltadas para a sala de aula, em uma perspectiva de desenvolvimento processual de habilidades leitoras.

Vigotski, Lev Semenovitch. *A formação social da mente*: o desenvolvimento dos processos psicológicos superiores. Tradução de Luis Silveira Menna Barreto, Solange Castro Afeche e José Cipolla Neto. São Paulo: Martins Fontes, 2007.

A obra expõe o pensamento de Vigotski, para quem a linguagem é ferramenta decisiva na estruturação do pensamento e fundamental na construção do conhecimento. O autor concebe o aprendizado como um processo social, destacando o papel do diálogo e as funções da linguagem no desenvolvimento cognitivo mediado. O ensino é visto como meio pelo qual esse desenvolvimento avança, considerando os conteúdos socialmente elaborados e as estratégias cognitivas essenciais para internalização do conhecimento.

Zabala, Antoni. *Enfoque globalizador e pensamento complexo*: uma proposta para o currículo escolar. Porto Alegre: Artmed, 2002.

A obra analisa o processo de fragmentação da atividade intelectual e cultural e aponta para uma visão integradora que objetiva o ensinar para a complexidade. Aborda tópicos como conflito cognitivo, autorreflexão e aprender a aprender. Também trata dos instrumentos conceituais, procedimentais e atitudinais de que cada indivíduo dispõe para dar respostas a demandas da realidade.

	CANTAR	FOGO	DANÇAR
COBERTOR	OLHAR	CANTEI	AMAR
VESTIR	FILMAR	VENDER	ANDAR
	SABER	FALAR	PULAR
ASA	DIZER	BAZAR	CONTER
PULEI	REVER	AGIR	LER
	PARTIR	FAZER	VALER

Destacar

Página 164 • **Dominó de palavras**

FILME | COLORIR	FLOR | APLAUDIR
PEDIR | SENTIR	LI | CAIR
PIPOCA | AMO	| DANÇOU
REPÓRTER | DIREI	PARTIMOS | SENTIRÁ
| CELULAR	PALHAÇO | AMOR
ABAJUR | LÍDER	| BILHETERIA
CANETA | INGRESSO	|

Destacar

Página 145 • Verbete de enciclopédia

A O segredo chega a Cassim, irmão de Ali Babá. Ganancioso, Cassim vai até a gruta. Lá dentro, porém, esquece as palavras mágicas para sair e fica preso na caverna. É encontrado pelos ladrões, que o matam brutalmente.

B O lenhador está na floresta quando vê passar um grupo de quarenta homens a cavalo, carregando caixas. Curioso, Ali Babá os acompanha de longe e vê que param diante de uma grande rocha. Um deles, que parece ser o líder, diz: "Abre-te, Sésamo". Imediatamente, uma fenda se abre na rocha, deixando ver uma gruta. Os homens entram, depositam ali as caixas e saem. Antes de se afastar, o chefe diz: "Fecha-te, Sésamo", e a passagem se fecha.

C Ali Babá é um personagem da literatura árabe medieval. Suas aventuras são relatadas no conto "Ali Babá e os quarenta ladrões", que faz parte da obra *As mil e uma noites.*

D Rapidamente, enche os bolsos de moedas e volta para casa. Conta toda a história à mulher e lhe pede que enterre as moedas de ouro.

E Pouco depois o bando retorna e não encontra Cassim. O chefe se dá conta de que mais alguém conhece o esconderijo. Ordena a seus comparsas que encontrem e matem o intruso.

F Ali Babá vai à caverna procurar pelo irmão. Ao encontrá-lo morto, fica desolado e leva-o para sepultar o corpo.

G Na história, Ali Babá é um humilde lenhador que fica sabendo da existência de um tesouro.

H Quando o grupo já está longe, Ali Babá diz a frase mágica e entra na caverna. Descobre então um tesouro valioso: tecidos de seda, tapetes preciosos, pratarias e moedas de ouro.

I Nesse ponto, entra em cena Morjana. Ela havia sido escrava de Cassim e passou a servir Ali Babá. Astuta, Morjana consegue salvar Ali Babá de todas as ciladas. Os quarenta ladrões acabam mortos e Ali Babá conquista o tesouro.